PRÉCIS HISTORIQUE

DE LA VIE ET DU PROCÈS

DU

MARÉCHAL NEY.

PRÉCIS HISTORIQUE

DE LA VIE ET DU PROCÈS

DU

MARÉCHAL NEY,

DUC D'ELCHINGEN, PRINCE DE LA MOSKOWA, EX-PAIR DE FRANCE,

Avec des notes et particularités curieuses sur sa carrière politique, militaire, ses derniers momens, et les campagnes de Portugal et de Russie.

PAR F. F. C***,

MEMBRE DE PLUSIEURS ACADÉMIES.

Tout couvert de lauriers, craignez encore la foudre.

P. CORNEILLE.

PARIS,

J. G. DENTU, IMPRIMEUR-LIBRAIRE,

rue du Pont de Lodi, n° 3, près le Pont-Neuf.

1816.

AVERTISSEMENT.

—

Offrir à la curiosité cette histoire dégagée de ce qui ne peut intéresser absolument que les hommes publics, c'est rendre service au grand nombre de ceux qui ne cherchent dans les évènemens importans que la substance des faits, et à qui leurs goûts, leurs connaissances et leurs occupations ne permettent pas de parcourir littéralement de nombreuses pièces de procédure. Elles n'intéressent, s'il est permis de le dire, que les gens du métier. On les a cependant soigneusement compulsées, afin de ne rien omettre de ce qui peut en donner des idées justes, et présenter, en un mot, l'analyse exacte des moyens pour et contre, tant dans la forme que dans le fonds, et des motifs qui ont déterminés les divers actes du maréchal Ney, et de ceux auxquels ils ont donné lieu.

AVANT-PROPOS.

———

En recueillant tout ce qui concerne le guerrier qui s'illustra par tant d'exploits, que ses rivaux de gloire même le saluèrent sur le champ de bataille du nom de *chevalier sans peur*, il nous sera pénible de démontrer que, non seulement dans la fin de sa carrière il n'est pas *sans reproche*, mais que la fortune ne semble l'avoir élevé au faîte des grandeurs que pour l'en précipiter avec plus d'éclat; tant il est vrai que la plus grande illustration s'évanouit, si elle n'est basée sur la vertu. O hommes insatiables de richesses, d'honneurs, et qui vous êtes égarés sur les pas de celui qui vous en combla au prix de tant de larmes et de sang; pouviez-vous compter sur la stabilité d'un bonheur contraire à celui de votre patrie et à la tranquillité de l'Europe entière!..... Les maux qui pèsent sur la

France sont les fruits amers de votre ambition et de votre cupidité : ils sont la réaction naturelle d'une action injuste et de l'abus enivrant de la victoire. Nous commencions à respirer sous le gouvernement paternel d'un Prince éclairé et instruit à l'école de l'adversité, la plus grande institutrice des rois; vos funestes efforts pour secouer le frein que sa sagesse imposait à votre ambition, nous a prouvé, par une bien cruelle expérience, que le bonheur vaut mieux que la gloire. Vos exploits ont augmenté l'une ; la prudente modération de ceux qui ont su s'arrêter à propos, peut encore contribuer à l'autre. Que cette grande et terrible leçon ne soit donc pas perdue : qu'elle prouve à jamais, qu'après les momens qu'une salutaire indulgence accordait au repentir, la justice nationale se réveille enfin, et que ni les services, ni les rangs qu'ils lui ont procurés, ne peuvent dérober le coupable à ses coups.

PRÉCIS HISTORIQUE

DE LA VIE ET DU PROCÈS

DU MARÉCHAL NEY.

—

Sar-Louis (département de la Moselle, en
Lorraine allemande) vit naître, le 10 janvier
1769, Michel Ney, d'une famille plébéienne.
Elle ne put lui donner cette éducation telle que
l'on n'est déplacé nulle part, quelque faveur que
le sort nous destine; mais la nature l'avait dédom-
magé des torts de la fortune, en lui accordant
une taille et un extérieur avantageux, une force
et une aptitude extraordinaires pour tous les
exercices du corps. Sa figure était régulière,
froide, imposante et pleine d'assurance.

Peu de temps avant la révolution, il entra
comme simple hussard dans le 4ᵉ régiment, alors
Colonel-général. Il avait rapidement parcouru les
grades subalternes de brigadier, maréchal-des-
logis, adjudant sous-officier. Dès 1793, son assi-
duité et son zèle lui firent franchir l'intervalle de
ces fonctions à celle de lieutenant. L'année suivante
il devint capitaine. Il plut au général Kléber, par
son air d'assurance et sa persévérante activité, qui

lui firent donner le surnom d'*infatigable*. Kléber lui obtint le grade d'adjudant-commandant, chef d'escadron, se l'attacha, et lui donna , comme partisan ,de nombreuses occasions de se signaler, dont il tira tout l'avantage possible.

En 1794 , il se distingua au passage de la Lachn, ainsi qu'aux combats d'Altenkirchen, de Dierdoff, de Bendorff, de Montabor (armée de Sambre et Meuse). Aux affaires d'Obernel, qui fut pris et repris quatre fois en moins de deux jours , à la tête de deux cents cavaliers , sa bonne contenance fut telle, qu'aux environs de Wurtzbourg il fit deux mille prisonniers et s'empara d'une prodigieuse quantité de munitions.

N'ayant que quatre cents hommes de cavalerie, il en culbuta à l'ennemi huit cents. A Kell , il força le passage de la Rednitz, le 8 août , malgré le feu de quatorze pièces de canon ; et par la prise de Forsheim , des soixante - dix pièces de canon et des nombreux approvisionnemens dont cette place était munie , obtint le grade de général de brigade. Le 17 août , à l'affaire de Salzbach, le nouveau général se tira d'un engagement difficile, avec six cents hommes de cavalerie.

La campagne de 1797 fut marquée par l'expulsion de l'ennemi. Il le délogea de Grissen , le poursuivit jusqu'à Steimberg ; cependant, accablé par des forces supérieures, son cheval s'abattant sous lui lorsqu'il effectuait sa retraite, il tomba dans les mains de l'ennemi. Le général Hoche avait particulièrement apprécié en lui deux qualités d'autant plus précieuses qu'elles semblent incompatibles dans le même homme , le sang-froid et l'impétuosité; non-seulement il obtint son échange, mais encore sa promotion au grade de général de division.

Le général Ney prit le commandement de la cavalerie de notre armée en Suisse. Il y concourut à la victoire remportée sur la Thur , le 26 mai 1799.

Il se battit le 27 avril contre le prince Charles, et après avoir eu l'audace de pénétrer dans Manheim, déguisé en officier prussien , pour reconnaître cette place , il la fit attaquer le lendemain, repoussa vigoureusement une sortie de la garnison , rentra pêle-mêle avec elle , et s'empara de la ville le 3 novembre.

L'avant-garde , pour s'être trop avancée , était cernée par l'ennemi : il vint la dégager, poursuivre l'ennemi, et lui enlever à Moerkirh quinze cents prisonniers.

Le général Ney passa , en 1800, à la gauche de l'armée du Rhin, y prit le commandement de la quatrième division qui s'étendait depuis Frankenthal jusqu'à Worms. Le 8 juin , il gagne la bataille de l'Iller , enlève à l'ennemi toute son artillerie , et le poursuit depuis Lauershausen jusqu'à Weissenhorn.

Tandis qu'il faisait effectuer , en moins de huit jours, treize fausses attaques et passages du Rhin par les troupes entre Huningue et Dusseldorff, le général Ney se porte brusquement sous Francfort, à la tête de neuf mille hommes, y attaque et détruit vingt-deux mille combattans soldés par l'Angleterre et l'Autriche. Le jour suivant il repasse le Mein sous Mayence, renverse ce qu'il rencontre d'ennemis, après s'être avancé à travers les états de Hesse-Darmstadt, vient passer le Necker au gué de Turenne, près Ladenbourg , reprend Manheim , dont Heidelberg, Bruchstal, Heilbron subissent le sort , et pénètre sans perte jusqu'à Stuttgard , quoiqu'avec des forces bien inférieures à celles de l'ennemi. Ces résultats, aussi heureux que rapides , contribuèrent puissamment au gain de la bataille de Zurich, par la diversion à laquelle ils forcèrent l'Autriche.

Le général Ney servit sous les ordres du maréchal Masséna en Suisse, et de l'illustre Moreau en Allemagne, à Moeskirk et à la fameuse bataille de Hoenlinden. Son chef se loua beaucoup du sang-froid et de la précision avec lesquelles il exécuta ses ordres.

La paix étant conclue à Lunéville, on le nomma inspecteur-général de la cavalerie ; puis ministre plénipotentiaire près la Suisse, d'où il passa au commandement du camp de Montreuil, (armée des côtes de la Manche). Il y employa une espèce de loisir à l'instruction des troupes sous ses ordres.

La campagne de 1805 contre l'Autriche, rappela bientôt le général Ney en Allemagne. Il y remporta la victoire si long-temps disputée d'Elchingen, dont l'ennemi n'abandonna le champ de bataille que le soir, et qui, par la suite, lui fit donner le titre de duc d'Elchingen.

Après la capitulation d'Ulm, chargé d'occuper le Tyrol, il entra, le 7 novembre à Inspruck, capitale de cette province ; conduisit ensuite le 6e corps d'armée qu'il commandait en Carinthie. Il ne quitta ce pays qu'à la paix de Presbourg, et se rendit en Souabe jusqu'à ce que Buonaparte, ayant rompu avec la Prusse, il vint prendre position sur le Bas-Mein, près de Francfort. Il fit de là un mouvement vers Bamberg pour soutenir le corps du maréchal Augereau, qui s'attendait à être attaqué dans ses cantonnemens de Wetzlar. Les deux armées furent en présence dans les plaines d'Iéna. Le maréchal Ney, à la tête du 6e corps faisant partie de l'aile droite, eut part à la mémorable victoire de ce nom. L'armée prussienne, en pleine déroute, laissa sur le champ de bataille artillerie, bagages, et une quantité considérable de prisonniers. Le maréchal Ney fit ensuite si étroitement le blocus de Magdebourg qu'il força les seize mille hommes

en garnison dans cette ville à se rendre prisonniers , et à la livrer par capitulation avec quantité
de munitions en tout genre , et huit pièces de
canon.

A Deppen, le 5 février 1807 , le maréchal Ney
attaqua sans succès le général Lestocq; mais son
arrivée sur l'aile droite de l'armée russe, força
le général Besnigsen à se retirer derrière la
Prégel. Le maréchal Ney livra , le 6 juin, pour
la seconde fois bataille à Deppen; la victoire
très-sanglante, et très-disputée, ne fut due qu'à
l'impétueuse irruption des Français.

Cette campague fut encore illustrée par la bataille de Friedland. Le maréchal Ney qui y con-
tribua d'une manière très-brillante , s'empara
de la ville de ce nom , mais non sans une perte
considérable dans le nouveau combat qu'il lui
fallut livrer.

La paix de Tilsitt fut le prix de ces sanglants
trophés. Elle pouvait donner au monde le temps
de respirer ; mais le génie du carnage et de la
destruction était-il capable de repos ! Buonaparte ne vit dans cette conjoncture que des
moyens de porter en Espagne les ravages de la
guerre. Il fut trompé sur le caractère de cette
grande et admirable nation : il avait cru l'asservir
aussi facilement que l'Italie. Il se précipita folle-
ment dans cette guerre impie, dont son obstination
inflexible n'avait pu être détournée par les pressen-

timens de l'un de nos plus célèbres diplomates (1). Sa prédiction n'eut, comme celles de Cassandre, le malheur d'être crue qu'après l'évènement.

On se rappelle de la perfide intervention de Buonaparte dans les dissentimens de la Maison régnante en Espagne. Comment le Corse impérial attirant à Bayonne et le père et les fils sous le prétexte d'accomoder leurs différens, violant à-le-fois le droit des gens et les lois sacrés de l'hospitalité, il attenta non - seulement à la liberté de l'infortuné Charles IV et des princes ses fils, mais leur arracha le sceptre d'Espagne pour le transmettre à son frère Joseph, dont il ne fit qu'un préfet couronné. La nation, fidèle à son Roi comme à son Dieu, se leva tout entière et, à l'aide de l'Angleterre, par l'effet de sa constance et de son union, prouva ce que peut un peuple quand il a un but bien déterminé et une volonté persévérante.

Des champs encore fumans d'Iéna et de Friedland, Buonaparte avait déjà transporté une partie de ses phalanges en Espagne. Le maréchal Ney y suivit son corps d'armée. Il stationnait à Logrono et à Guardia, dans la Vieille-Castille, non loin de Tudela, sur l'Ebre, centre des armées espagnoles sous les ordres des généraux Castanos et Palafox.

---

(1) Le prince de Bénévent, à qui sa courageuse franchise ne procura qu'une disgrace honorable.

Buonaparte était venu se mettre à la tête de l'armée française. Par suite de la bataille de Burgos , le maréchal Ney eut ordre de remonter le Duero pour revenir sur l'Ebre, et prendre en arrière et en flanc l'armée ennemie qu'on se disposait à attaquer de front. Mais sa marche n'étant point éclairée par des guides surs , il fut en retard d'un jour ; ce qui l'empêcha de couper la retraite aux généraux espagnols que les maréchaux Moncey et Lannes venaient de battre à Tudela.

Le maréchal Ney poursuivit à marches forcées l'ennemi qui précipitait sa retraite sur Madrid. Il atteignit et tailla en pièce son arrière-garde au défilé de Buvierca.

Madrid ayant ouvert ses portes à nos troupes, le maréchal Ney se dirigea sur la Corogne pour couper la retraite aux Anglais. Ceux-ci venaient de passer le Duero , et combinaient leurs mouvemens afin de concourir à l'attaque projettée par le marquis de la Romana contre le maréchal Soult. L'approche de l'armée française paralysa les forces combinées de l'ennemi. Le maréchal Soult les poursuivit, dans sa retraite, sur la Corogne. Le maréchal Ney resta dans la Galice. Ne pouvant déployer les ressources de l'art militaire , il eut recours à la politique de Buonaparte. Elle consistait à révolutionner le pays ; mais il trouva des obstacles insurmontables dans l'imperturbable patriotisme des habitans.

Ceux-ci enlevant ou égorgeant de nuit le cordon de troupes destiné à assurer les communications du maréchal Ney avec l'armée de Portugal, elles se trouvaient souvent interceptées, et le furent complètement, lorsqu'avec les débris de son armée le marquis de la Romana parvint à s'emparer de Montferrado, où il trouva des vivres, des munitions et une garnison qu'il fit prisonnière.

Il augmenta d'autant plus l'embarras du maréchal Ney, qu'il fit secouer aux Asturies le joug des Français, de même qu'en Galice. Exaspérés par les exactions et les exécutions militaires, les malheureux habitans de cette province exerçaient d'affreuses représailles. Le gouverneur, don Pedro de Barrios, fit noyer à-la-fois dans le Miho, sept cents de nos prisonniers.

En 1809, la position du maréchal Ney, dans la Galice, était de plus en plus précaire, lorsque le maréchal Soult, ne pouvant se maintenir dans le Portugal, vint effectuer sa jonction avec lui. Le maréchal Soult, voulant suivre le mouvement des Anglais, quitta la Galice, et le maréchal ne pouvant s'y maintenir seul, fut obligé de se reployer sur le royaume de Léon. En vain les Français triomphaient dans les rencontres où l'ennemi était forcé de recevoir la bataille ; ils succombaient en détail, incessamment harcelés par des bandes éparpillées qui se faisaient sentir par-tout, et que l'on ne pouvait joindre nulle part. Envoyait-on une dépêche à un bataillon, il fallait un autre bataillon pour l'escorter ; autrement, les hommes isolés étaient impitoyablement massacrés, sains, malades ou blessés. Les troupes et les habitans disposés en quadrilles rodaient par-tout, tombaient à l'improviste sur de faibles détachemens, se retiraient devant des forces supérieures, se couchaient derrière un rocher ou sous un bouquet d'arbres ; enlevaient les vivres et faisaient ainsi périr en détail nos malheureux enfans d'inquiétude, de lassitude et de faim. « Que chaque détachement, disait l'un des « chefs espagnols, tue seulement un Français « par jour, et je suis content. »

Et c'est à la faveur de ce système de guerre de partisans parfaitement adapté à une localité montagneuse que l'Espagne doit sa délivrance , et nous la perte de près d'un demi million d'hommes et d'immenses trésors ! et tout cela, pour conserver à don Joseph Buonaparte un trône usurpé par son frère (1)!

Pendant sa marche rétrograde sur Salamanque, le maréchal Ney battit à plattes coutures, dans les montagnes de Banos, les corps de troupes espagnoles et portugaises commandés par le général anglais Wilson. Il fut joint par les troupes du duc d'Abrantès (Junot) et du général

______

(1)..... Dieux qui les connaissez ;
Est-ce donc leur vertu que vous récompensez!

Reynier. Il devait avec elles faire partie de l'armée expéditionnaire de Portugal, commandée par le maréchal Masséna, avec qui il ne fut pas toujours en bonne intelligence (1).

Les Français ayant pris Ciudad – Rodrigo et passé la Coa, repoussèrent les postes avancés des Anglais, firent capituler Alméida, l'une des clefs du Portugal, après treize jours de tranchée.

Nos troupes, commandées en partie par le maréchal Ney, firent de prodigieux efforts pour déloger l'armée anglo-portugaise des hauteurs de la Sierra de Busaco, défendues par une formidable artillerie. Elles ne furent maîtresses de ces positions qu'en les tournant, et après avoir essuyé une perte considérable.

Après la prise de Coïmbre, après onze jours de marches forcées, malgré des torrens de pluie, les Français s'avancèrent à neuf lieues de Lisbonne. Ils avaient espéré attaquer les Anglais à Alenguer avec des forces supérieures; mais on sut bientôt par les rapports, que lord Wellington s'était retranché dans une position inexpugnable sur la chaîne des montagnes entre la mer et le Tage. L'art avait ajouté, aux avantages naturels du lieu, une nombreuse artillerie. Rien ne pouvait amener lord Wellington à un combat bien

____

(1) Ce qui sans doute le détermina à se recuser lui-même devant le conseil de guerre, et à éviter des récriminations au moins fort désagréables, pour ne rien dire de plus.....

moins avantageux pour lui, que des temporisa-
tions toujours funestes à un ennemi venu de loin,
sans trop pouvoir assurer ses approvisionnemens,
que les fatigues des marches et les privations de
toute espèce exposent au fléau dévorant des ma-
ladies et à la haine envenimée des habitans. Ceux-
ci, dès l'invasion des Français en Portugal n'a-
bandonnaient leurs villes, leurs villages qu'après
avoir détruit en comestibles et en provisions de
toute espèce tout ce qu'ils ne pouvaient empor-
ter : récoltes, bestiaux, meubles, tout avait disparu.
Les Français étaient acculés et pressés de toutes
parts contre les positions de Torrès-Vedras. Des
milices espagnoles, des paysans armés, battaient
toutes les routes et enlevaient les vivres et les
moyens de transport (1), ils avaient repris Coïmbre (2). Leur courage et leur nombre augmen-
tait journellement à proportion que nos forces
et l'espoir diminuaient. Un mois s'était écoulé

---

(1) Un paysan qui s'était réfugié dans une caverne près de
Thomar, tua, à lui seul, dans l'espace d'un mois, une tren-
taine de Français, qu'il avait surpris isolés, et il leur prit
environ cinquante chevaux ou mulets.

(2) C'est dans cette ville que les Portugais, au moment où
nos troupes en sortaient, furent à l'hôpital militaire ; ils en
jetaient par les fenêtres nos malades ou blessés, en disant :
« Les Français ont fait sauter en l'air nos religieux en met-
« tant le feu à la poudre qu'on avait exprès amassé sous leur
« asile, nous autres nous jetons leurs soldats à terre. » Mal-
heureuse et folle espèce humaine, quand cesserez-vous donc
de vous tourmenter !

dans cette position critique. Enfin, après bien
d'inutiles manœuvres et une nouvelle tentative
pour tourner les lignes de Torrès-Vedras, le
maréchal Masséna se décida à la retraite. Il con-
fia au maréchal Ney le soin de la protéger. Celui-
ci marcha vers Muliano, feignant de menacer
les flancs de l'armée anglaise, pour la tenir en
haleine et lui dérober le mouvement rétrograde
des nôtres. Elle s'en aperçut et poursuivit jusqu'à Pombal le maréchal Ney. Celui-ci, pendant un jour entier, y suspendit leur marche. Il
quitta cette position à la faveur de la nuit, pour
prendre celle plus favorable en avant du défilé
de Redinha; protégé par son artillerie, il passa
ce défilé à la vue des Anglais. Il soutint leurs
attaques pendant toute cette retraite, et montra
autant de talent que d'intrépidité dans toutes les
dispositions qu'il prit. Il ne quittait une position qu'en s'appuyant sur une autre; et lorsqu'il
se voyait presqu'entièrement tourné, il se con-
centrait sur un point pour forcer une issue, et
assurer sa marche pendant que le corps d'armée
continuait la sienne en bon ordre et assez len-
tement pour le soutenir au besoin.

Notre armée se retira successivement derrière la Ceira, l'Alva et enfin Guarda, où elle
cessa d'être harcelée par les milices portugaises
et les implacables habitans des campagnes.

Nos troupes, furieuses de trouver les habita-

tions désertes à leur retour comme à leur arrivée, ne rencontrant personne sur qui elles pussent
assouvir leur rage, s'en prenaient aux habitations,
profanaient les temples, troublaient la cendre des
morts, portaient de toutes parts les ravages de
l'incendie, à défaut du meurtre et du pillage. Elles
arrivèrent à Renvinha, passèrent le gué de Ra-
poula de Coa, et rentrèrent en Espagne ne lais-
sant à Alméïda que peu de troupes (1).

Tant de revers ne suffisaient pas pour amollir
le cœur de bronze de celui (2) qui se jouait impitoyablement du sang, des larmes et de la vie
des hommes. Son orgueil inflexible méditait la
vengeance contre un Prince (3), l'amour de ses
peuples, qui s'est montré si grand dans la pros-
périté, que le Midi envie au Nord, et qui semble
n'avoir été donné au monde que comme un dieu
consolateur dont le doigt devait marquer la chute
épouvantable du colosse aux pieds d'argile. C'é-
tait la lutte du génie du bien contre le génie du
mal. Avant même de s'être tiré du mauvais pas
où son imprévoyante audace l'avait engagé en
Espagne, il va se précipiter, contre la Russie,
dans une entreprise plus folle et plus téméraire

----

(1) Pour avoir des détails exacts, *voyez* l'*Histoire de la
guerre d'Espagne*, par le général Sarrazin, 1 v. in-8° ; et
la *Campagne de l'armée française en Portugal*, dans les
années 1810 et 1811 ; in-8°. Paris, J. G. Dentu.

(2) Buonaparte. (3) L'empereur Alexandre.

encore. Un nouveau sénatus-consulte de ce sénat conservateur, qui ne s'est montré capable de conserver que son traitement, va lui offrir encore de la *matière à canon :* une nouvelle levée de conscrits trop honorés (1) de suivre les aigles du *grand homme.*

Sans s'arrêter aux inconvéniens d'une marche épuisante et rapide, de la transition brusque des climats brûlans du Portugal et de l'Espagne aux neiges de la Russie, des environs de Lisbonne il va conduire ses soldats à Moscou !

Déjà lui-même accélérait ses préparatifs à Kœnisberg. Il y avait concentré de nombreuses troupes de toutes armes et de toutes nations, telles qu'Autrichiens, Prussiens, Saxons, Westphaliens, Bavarois, Italiens, et encore plus de Français, formant un effectif d'environ quatre ou cinq cent mille hommes, dont soixante mille de cavalerie : ils avaient douze cents bouches à feu de tout calibre. Le tout était divisé en dix corps d'armée, dont le 3e était sous les ordres du maréchal Ney.

Après mainte et mainte revue pour électriser cette grande armée, elle se mit en mouvement, traversa la Pologne, et, le 23 juin, se trouva en

---

(1) Expression échappée à l'un des orateurs mercenaires de ce tyran, chaque fois qu'il demandait de nouvelles victimes ; ils en revenaient à leur refrein :

...... Vous leur faites, seigneur,
En les croquant, beaucoup d'honneur.

présence de l'armée russe, dont elle n'était séparée que par le Niémen. Trois ponts furent jetés sur cette rivière, à la faveur de la nuit, et facilitèrent le passage de l'armée. Il eut lieu pendant les deux jours suivans. Elle crut poursuivre les Russes, dont le système, en amorçant leur ennemi par l'appât d'un succès peu disputé, était de l'éloigner de ses ressources, de le disséminer dans des régions dévastées, et de l'y laisser en proie à l'horreur de tous les besoins, et aux rigueurs d'un climat intolérable même pour les habitans du pays. Buonaparte ne savait qu'aller en avant ; jamais il ne songeait aux chances incertaines des combats, moins encore à la science des retraites. On entra dans Wilna le 28 juin, le 3o l'armée continua péniblement sa marche malgré les torrens de pluie qui traversaient les chemins et entraînaient ou accablaient les chevaux. Des temps affreux et le manque des objets de première nécessité, semblait déjà faire pressentir toutes les souffrances qui attendaient ultérieurement cette armée. Les subsistances, les fourrages n'étant point assurés, il fallait tolérer le pillage, l'indiscipline et la démoralisation, inévitables et funestes avant-coureurs de la perte des armées.

L'armée s'avançait d'autant plus facilement, qu'elle n'éprouvait dans sa marche aucun obstacle. Murat, soutenu des 2ᵉ et 3ᵉ corps, était à la tête de l'avant-garde ; il harcelait l'armée russe.

Elle prit position au-delà de la Dwina, sous le camp retranché de Drissa, tandis que les autres corps de notre armée suivaient à l'ouest les troupes russes qu'elles avaient en tête.

Les bulletins de la grande armée exaltaient ces succès trompeurs, dont les Russes révélèrent le secret lorsqu'ils dirent dans leur proclamation, jetée à leurs avant-postes sur la Dwina :

Soldats français,

« ..... Vous connaissez trop les Russes pour les
« croire capables de fuir. Ils combattront quand
« il leur conviendra. Cessez de vous rendre vic-
« times de la folle ambition d'un homme ; retour-
« nez dans vos foyers ou profitez de l'asile que
« nous vous offrons dans les nôtres..... »

Après avoir passé la Bérézina et traversé plus de vingt-cinq lieues de forêts et de marécages, l'armée française s'avança, toujours sans obstacles, jusqu'à l'Ula. L'ennemi, qui craignait d'être coupé, commençait à faire inquiéter notre marche par ses Cosaques, et se retirait vers Polotsk et Witepski, en Lithuanie : il paraissait vouloir y tenir. Il y eut, le 27 juillet, un combat sanglant près de cette dernière ville. Notre marche n'en fut pas arrêtée. L'armée se forma sur la rive gauche du Dniéper, pour se préparer à l'attaque de Smolensk, situé sur la rive opposée.

2

Elle jetta plusieurs ponts près de Razasna et effectua son passage.

Les Russes ayant attaqué le maréchal Ney le
13 août, après qu'il eut passé le Dniéper, il leur
prit de l'artillerie et leur fit des prisonniers. Dès
le 16 les Français étaient à la vue de Smolensk.

Cette ville, protégée par un mur de dix pieds
d'épaisseur, et d'environ quatre mille toises de
circonférence, était couverte par l'armée russe
que commandait le maréchal Barclay-de-Tolly.

Dès le matin on fit les dispositions de l'attaque.
La gauche en était confiée au maréchal Ney : elle
s'appuyait sur le Borysthène. Pendant qu'on dis-
putait opiniâtrement le terrain à toute la ligne, le
maréchal Ney, qui déjà s'était emparé des ou-
vrages extérieurs, repoussa les Russes jusque
dans Smolensk. Le combat se prolongea fort
avant dans la nuit, quand des tourbillons de
flammes et de fumée firent conjecturer que, ne
pouvant se maintenir dans cette place, les Russes
n'en voulaient laisser aux Français que les cendres. Ils n'y entrèrent qu'à travers des tas de dé-
combres embrasés, de squelettes fumans, dévorant avec une joie cruelle les vivres qu'ils trouvaient dans les maisons, dont les habitans ef-
frayés mouillaient de leurs larmes les restes ina-
nimés de leurs proches, et les débris de leur fortune.

L'aile gauche de l'armée, ayant à sa tête le maréchal Gouvion-Saint-Cyr, obtenait des avantages importans, tandis que, le 19 août, après avoir passé le Boristhène au-dessus de Smolensk, le maréchal Ney, rejoignant l'avant-garde, tomba sur six mille Russes et les força à abandonner leur position avec une perte considérable.

Le 4e corps ne put entrer à Viasma qu'après que les Cosaques l'eurent mise en cendres, comme ils firent à Smolensk.

Si l'armée, dans ses marches interminables, ne rencontrait pas souvent l'ennemi, elle trouvait à chaque pas des ennemis plus redoutables encore, un calme silencieux et désespérant, la plus affreuse solitude, et la famine plus affreuse encore.

Le général Kutusof, succédant au maréchal Barclay-de-Tolly, comme commandant l'armée russe, parut vouloir couvrir Moscou. Il prit une position avantageuse entre Giat et Mojaïsk, à quatre journées en-deçà de cette ville, pour y attendre et combattre notre armée.

Notre armée s'y attendait. Elle avait pris ses mesures en conséquence, et l'ennemi résistait d'autant plus que l'on approchait davantage de ses positions. Après une heure de combat très-meurtrier, on s'empara, le 5, d'une redoute qui fatiguait infiniment notre droite. Cette journée et celle du 6, furent employées à reconnaître l'ennemi, à faire les dispositions de l'attaque et de la défense, à rejeter les Russes au-delà de la rivière. Des engagemens d'avant-postes et de tirailleurs devinrent assez importans, pour qu'on employât cent pièces de canon : le carnage, l'incendie, toute l'horreur d'un combat ténébreux, furent les tristes avant-coureurs de la bataille de la Moskowa. Le maréchal Ney, placé au centre de l'armée, vis-à-vis d'une batterie formidable, et par de là le village de Borodino, était soutenu à droite par les Westphaliens et les Polonais; à gauche, par le quatrième corps de la grande armée.

Le 7 septembre, un coup de canon tiré à six heures du matin de la grande batterie russe du centre, fut le signal de la bataille. Une partie du quatrième corps s'empara de Borosino, tandis que l'autre cherchait à s'emparer de la grande redoute dont il a été question. Le maréchal Ney, avec le centre de l'armée, s'attachait à enfoncer l'ennemi. Notre armée essuyait sur toute la ligne un terrible feu d'artillerie. Le trentième régiment d'artillerie s'empara enfin de la fameuse redoute. Bientôt notre artillerie fut sur les hauteurs d'où, pendant deux heures, nos troupes étaient foudroyées. Nous avions la victoire, qu'à peine l'ennemi croyait que l'action était commencée. Déjà il avait perdu une partie de son artillerie, il tentait avec toutes ses forces réunies de reprendre les positions qu'il venait de perdre : il y réussit, sous les ordres du prince Kutusof, quant à la grande redoute. Il était écrasé par trois cents pièces de canon, dont il essuya le feu pendant deux heures, immobile, hésitant s'il devait avancer ou reculer.

Le maréchal Ney parvenait à tourner la position des Russes, quand le général Friand, par une irruption rapide, leur arracha la victoire qu'ils croyaient tenir. La grande redoute fut de nouveau emportée par notre infanterie. Malgré le feu le plus horrible, elle s'élança par la gorge dans cette redoute, qui n'offrait que l'image de la mort et de la dévastation. Redans, parapets, épaulemens écroulés par le canon, pièces démontées, canonniers morts ou mourans plutôt que de se rendre, une affreuse marre de sang, tel est le fidèle tableau de ce théâtre du carnage et de la mort, dont à chaque pas, le champ de bataille qui disparaissait sous des monceaux de cadavres retraçait les scènes sanglantes.

L'ennemi tenait encore dans la seule des trois redoutes destinées à le soutenir. Il faisait un feu effroyable, et n'abandonnait pas le champ de bataille. Son feu, qui se ralentit après nous avoir tué trente généraux et des soldats à proportion, fut le signal de sa retraite.

Le jour suivant de cette mémorable bataille qui valut au maréchal Ney le titre de prince de la Moskowa, il marcha toujours à la tête du centre à la poursuite des Russes ; il les battit à Mojaïsk, afin de leur enlever cette ville, dont ils ne lui laissèrent encore que les cendres.

Notre armée continuait de poursuivre l'ennemi, qui ne feignait de vouloir tenir, que pour mieux assurer sa retraite, et l'entière dévastation de tout le pays qui s'étendait jusqu'à Moscou.

Nous arrivâmes enfin le 14 septembre, à midi, dans cette seconde capitale de l'Empire, comme dans un port ardemment désiré après tant d'orages. Buonaparte la montrait de loin comme une riche proie, comme un excellent quartier d'hiver, d'où ses troupes bien reposées, marcheraient à la conquête de Pétersbourg. Mais cette superbe cité n'était déjà plus qu'une vaste solitude, habitée seulement par le deuil et la plus affreuse misère : tristes avant-coureurs de l'incendie qui éclata au moment même où les Français commençaient à s'y établir, résolution vraiment patriotique, et qui décélait une politique bien entendue, puisque ces cendres, ces ruines de Moscou furent l'écueil contre lequel vint se briser la colossale puissance de l'usurpateur continental. Artisan de tous les crimes, et dans la crainte qu'on ne lui imputât l'incendie de Moscou, il se hâta de faire fusiller, par jugement de ses commissions militaires, les malheureux Moscovites qui exécutaient les ordres du gouverneur Rostopchin. Dans ses proclamations, il fait un reproche à ce commandant d'avoir fait incendier Moscou , comme s'il n'eût été là que pour opérer suivant le bon plaisir et les intérêts du *très-gracieux Buonaparte !*

Dans la nuit du 15 au 16 septembre , on vit éclater simultanément l'incendie à la Bourse et à quatre ou cinq des quartiers les plus diamètralement opposés. L'aquilon soufflant avec violence , propagea rapidement ce redoutable fléau dans cette vaste cité : elle n'offrait à l'œil épouvanté, qu'un immense Océan de feu. Les maisons s'écroulaient sur le soldat avide de pillage , succombant sous le poids du butin qu'il avait fait : il périssait là même où il croyait assouvir sa cupidité. Le feu se communiqua bientôt aux huiles , eaux-de-vie , résines , huiles de vitriol emmagasinés dans les caves; dès-lors, comme par l'effet d'une éruption volcanique , on eût dit que les voûtes infernales s'entr'ouvaient pour vomir sur la terre leurs feux souterrains , parmi lesquels on voyait s'échapper, comme des spectres errans, les infortunés qui n'avaient pu s'enfuir avec leurs compatriotes. Là , c'étaient des vieillards languissans qui traînaient des enfans en bas âge , qu'ils n'avaient pas la force de porter. Ici, une jeune vierge , égorgée sur le cadavre de sa mère , par celui-là même qui venait d'outrager sa pudeur. Soldats , vivandiers , galériens même , tous pillaient à l'envie , et se paraient des débris

de l'opulence, qu'un autre plus fort venait bientôt lui arracher pour en être aussi dépouillé à
son tour.

Ainsi trompé dans son attente, après avoir sa-
vouré la vaine gloriole d'occuper le Kremlin, de
rendre des décrets relatifs aux comédiens français, dans cet antique palais des Czars, leurré
par des négociations illusoires, aux prises avec
tous les besoins d'une armée qui n'a aucune espèce d'approvisionnemens, Buonaparte fut obligé
de songer à la retraite, lorsque l'âpreté du climat
allait mettre le comble à sa détresse. C'est là que
l'attendait le cabinet de Pétersbourg. A peine
notre armée fit-elle, le 18 octobre, son premier
mouvement rétrograde, sur le château de Péters-
koë, que les Russes, prenant position autour
d'elle, commencèrent à la harceler. Les Cosaques, et ceux des habitans que l'espoir de la vengeance avait joints à eux, enlevaient nos fourra-
geurs et le peu de vivres que la pénurie la plus
grande forçait d'aller chercher au loin et à travers tous les périls. Pour signaler ses adieux,
Buonaparte, la rage dans l'ame, chargea la jeune
garde de faire sauter le Kremlin et ceux des mo-
numens publics qui n'avaient pas encore été la
proie des flammes.

Il y eut un combat sanglant à Malo-Jarosla-
wetz. Le quatrième corps y eut beaucoup à souf-
frir. L'impitoyable Buonaparte, en visitant le

champ de bataille, insensible aux cris des mourans, ne parut frappé que de l'acharnement avec
lequel on s'était battu de part et d'autre. Il re-
passa aussi cet autre champ de bataille de la
Moskowa encore couvert de cadavres (1) non,
enterrés depuis cinquante-deux jours, hideuse
pâture des animaux. Les Russes nous poursui-
vaient vivement; ils tombaient journellement sur
notre arrière-garde, dont les pertes eussent été
bien plus grandes, sans les manœuvres hardies
du maréchal Ney, qui ne cessa de protéger la
retraite.

L'armée, réduite au cheval pour toute nourri-
ture, accélerait sa marche sur Smolensk, quand
du 6 ou 7 septembre, une tempête affreuse, vent,
pluie, neige accablèrent le soldat exténué de
fatigue et de faim, et tombant dans des abîmes
que la neige confondait avec le chemin. L'a-
trocité du froid fut telle, qu'un tiers de l'armée,
hommes et chevaux (2) périt dans cette nuit,

---

(1) Vingt-huit mille, d'après le bulletin officiel.

(2) Parmi ces débris, se trouva un malheureux soldat qui
avait eu les deux jambes cassées le jour de la bataille. Il
s'était nourri de racines et de ce qu'il avait trouvé sur les
morts. La nuit, il se blotissait dans le ventre des chevaux.
Il fut recueilli au retour de l'armée, par la commisération
d'un général qui l'admit dans sa voiture.

Nous invitons le lecteur à lire le tableau de *la Campagne
de Moscou*, par M. Bourgeois. Il est assuré d'y trouver,
dans le plus grand détail, l'histoire de cette guerre désastreuse,

Si l'on s'arrêtait pendant dix minutes, c'en était assez, on tombait. Un soldat, plus dur que cet affreux climat, s'élançait sur son camarade expirant, et sourd à ses gémissemens, s'emparait de ses dépouilles, même avant qu'il n'eût rendu le dernier soupir; tant le sentiment de ses maux personnels le rendait insensible à celui d'autrui!

On arrivait enfin à Smolensk, mais si vivement poursuivi par les Russes, qu'il ne fut pas possible d'y tenir. D'ailleurs, l'incendie de cette ville n'avait laissé que les murs des maisons, aucun abri. L'hôpital même où les blessés venaient s'étendre sur quelques brins de paille infecte, était inaccessible tant il était encombré. Les malades que l'on y conduisaient mouraient gelés sur les charettes de transport, pendant que l'on allait demander s'il y avait place pour eux. On fut obligé d'évacuer Smolensk; l'ennemi se portant entre cette place et Krasnoë pour nous couper la retraite. Le maréchal Ney s'occupait de faire sauter les fortifications de Smolensk; il en fut empêché par l'arrivée inattendue du général Platow, hetman des Cosaques.

Les Russes s'étaient formés en corps d'armée près de Krasnoë; le maréchal Ney ne put se

---

1 vol. in-8º. Paris, J. G. Dentu. *Voyez* aussi les *Campagnes de Buonaparte*, en 1812, 1813, 1814, in-8º, chez *le même libraire.*

faire jour à travers, qu'avec une perte considérable d'hommes, de bagages et d'artillerie. Il ne
sauva que trois mille hommes, qu'il parvint à
conduire, par des manœuvres habiles, jusqu'au
Dniéper, où il passa malgré la poursuite de six
mille Cosaques, qui lui firent courir les plus
grands dangers. C'est au passage de cette rivière,
que chacun le cherchant avec la crainte qu'il ne
fût tombé entre les mains des Cosaques, on le
trouva étendu sur la neige, occupé à consulter
la carte pour diriger sa marche.

Après le passage du Dniéper, les trente mille
hommes de troupes qui nous restaient, parmi
lesquels il y avait à peine huit mille combattans,
allèrent à grandes marches se former près du
village de Studzianca, situé sur une petite émi-
nence qui dominait la Bérésina, dont les Russes
voulaient nous disputer le passage. Le maréchal
Oudinot ayant battu le corps russe commandé
par le général Lambert, on se hâta de jeter
deux ponts sur cette rivière, au lieu même où
Charles XII, dans son expédition contre le
Czar Pierre-le-Grand, avait effectué son passage.

Le passage s'effectua les 27 et 28 novembre;
mais le pont, destiné à la cavalerie et aux voi-
tures s'étant rompu, tout reflua sur l'autre;
chacun voulant à-la-fois forcer le passage, il
s'engagea un combat affreux entre les cavaliers
et les piétons. La tête du pont fut bientôt

obstruée par les soldats qui tombaient étouffés ou égorgés par leurs compatriotes.

Le duc de Reggio (maréchal Oudinot) venait d'être blessé ; les maréchaux Ney et Victor luttaient vainement contre des forces toujours croissantes ; la division Girard, notre dernière réserve en ce moment, fut vivement repoussée par les Russes, dont les obus incendièrent le pont, et firent tomber en leurs mains vingt mille de nos malades ou blessés, deux cents pièces de canon et tous les bagages de ceux des nôtres qui étaient venus soutenir la retraite.

Les Français, en pleine déroute, arrivèrent à Smorghoni, où ils furent lâchement abandonnés par le féroce artisan de tous leurs maux. Pour la troisième fois, déserteur de ses armées, Buonaparte se cacha dans un caisson pour dérober sa fuite aux imprécations et à la fureur des victimes de sa folle ambition. On se dirigea sur Wilna, où l'on ne put tenir, étant toujours vivement harcelé par des nuées de Cosaques. Généraux, officiers, soldats, tous se traînaient, noircis par la fumée, dégoûtans de boue et du sang des chevaux dont ils dévoraient les lambeaux. Leurs cheveux et leur barbe étaient hérissés de glaçons. Arrivés au bivouac, on voyait tomber ceux qui n'avaient pas la force de faire du feu, et le froid faisait misérablement périr ceux que la faim, la fatigue ou l'ennemi avait épargné. Le terrain des routes et de chaque bivouac ; tout couvert de morts , offrait le lendemain l'aspect d'un champ de bataille. Ainsi périssait en détail , et à chaque instant, cette belle armée pour qui les horreurs de la guerre étaient encore le moindre fléau. De près d'un demi-million d'hommes , à peine vingt mille parvinrent-ils à passer le Niémen à Kowno, le 13 décembre, et ensuite la Vistule , cherchant à prendre des quartiers d'hiver à Thorn , Marien-werder et Elbing ; mais les Russes forcèrent les débris de notre armée à continuer sa retraite. Ce ne fut qu'entre l'Elbe et l'Oder que l'arrivée d'un nouveau matériel et des renforts continuels per-mirent de songer à sa réorganisation , et de la préparer à la campagne de 1813.

Dès le 24 avril, Buonaparte était venu joindre l'armée ; il lui fit passer la Saale, la droite mar-chant à l'ennemi, qui avait pris position entre Leipsick et Altenbourg. Les deux armées étaient en présence le 2 mai. Il n'y avait encore des alliés que les Russes et les Prussiens. L'armée française s'appuyait sur Lutzen et avait choisi le village de Gross-Gorschen pour centre de ses opérations. Cette position, théâtre des plus grands efforts , fut prise et reprise six fois à la bayon-nette.

Quoique le maréchal Ney se distinguât beau-coup dans ce combat, qui ne fut interrompu que par la nuit, il y perdit beaucoup de monde, seize pièces de canon et environ douze cents prisonniers.

L'armée alliée s'était déjà concentrée vers Bautzen le 14 mai. Le maréchal Ney et le général Law de Lauriston, cherchaient à tourner sa droite par Preilitz. Une vive attaque, qui s'opposa à leur jonction, les prévint, et arrêta le maréchal Ney dans sa marche : sa contenance força l'ennemi à quitter ses positions.

Le 20 se passa en vains efforts pour débusquer l'ennemi des hauteurs de Burg et de Bautzen, le maréchal Ney et le général Law de Lauriston, cherchant toujours à tourner la droite de l'armée alliée.

Le 21, à la pointe du jour, l'armée française attaqua sur toute la ligne avec une telle impétuosité, que les alliés abandonnèrent leurs positions et effectuèrent leur retraite par Lœbau, Weisenberg, se dirigeant sur Gœrlitz pour venir prendre d'autres positions à Schweidnitz.

Le maréchal Ney, à la tête de trente mille hommes, tomba avec l'avant-garde sur le général Barclay-de-Tolly, et le repoussa au-delà de Preilitz, dont il s'empara. Il ne cessa de harceler l'ennemi dans sa retraite.

Il y eut une suspension d'armes depuis le 20 juillet jusqu'à la fin d'août. Les négociations de Prague n'eurent d'autre effet que de réunir l'Autriche à la coalition. La reprise des hostilités étant dénoncée, et le maréchal Ney faisant partie de l'armée de Silésie, se rendit vers le Katzbach, où les alliés se disposaient à l'attaque.

Le maréchal Ney et le général Lauriston étaient aux prises avec les généraux de Langeron et d'Yorck, quand le maréchal Blücher, donnant avec toutes les forces qu'il commandait, repoussa jusqu'au Katzbach et la Neiss les Français, qui laissèrent le champ de bataille couvert de leurs morts.

Buonaparte obstiné à se maintenir en Silésie, laissa provisoirement au maréchal Ney le commandement de l'armée. Le maréchal n'ayant pu arriver à Berlin, se porta contre le prince royal de Suède, après quelques combats de position. Les Français s'étant emparés, le 5 septembre, des positions de Talmé et de Seyda, se jetèrent brusquement sur Jüterbock, dont le général Tauenzien couvrait les avant-postes.

Tout cédait au maréchal Ney, mais soixante-dix bataillons russes et suédois soutenus par dix mille cavaliers et cent cinquante bouches à feu, forcèrent l'armée française à se retirer sur l'Elbe avec une perte de dix mille prisonniers, quatre-vingt pièces de canons et quatre cents caissons.

Il fut impossible aux Français de tenir sur l'Elbe. Après trois tentatives inutiles pour pénétrer par les gorges de la Bohême et repousser l'armée de Silésie, ils furent obligés de se concentrer sur Dresde. Là, se trouvant de plus en plus resserrés par les alliés, qui les harcelaient sans cesse, ils recommencèrent encore à manquer de vivres et de fourrages et continuèrent leur retraite sur Leipsick. Ils arrivèrent le 15 à deux lieues de cette ville, toujours suivis de près par les alliés.

La position de notre armée s'appuyait sur Vachau; dès le 16, elle y fut vigoureusement attaquée par les alliés. Le maréchal Ney commandant toujours le 3e corps, la défense fut égale de notre côté : chacun défendit opiniâtrement ses positions, jusqu'à ce que la nuit interrompit le carnage.

Le 17 fut employé à s'observer de part et d'autre ; mais l'armée alliée se trouvant renforcée par la réunion des troupes commandées par le prince royal de Suède et le général Bennigsen, les Français attaquèrent en avant de Vachau; ils furent repoussés jusqu'à Leipsick, forcés d'effectuer leur retraite à la faveur de la nuit, sans même pouvoir défendre Leipsick ; dont toute la garnison fut prisonnière ou tuée. Dans cette bataille, où pendant quatre jours, cinq cent mille hommes firent tonner près de douze cents pièces de canon, nous eûmes quarante mille morts ou blessés, près de dix mille prisonniers. A ces pertes, il faut ajouter neuf cents caissons et chariots, et deux cent cinquante pièces de canon.

Notre armée ne cessait d'accélérer sa marche, afin de se dérober aux poursuites du vainqueur: elle fut obligée, pour se faire jour, de livrer combat le 31 octobre à l'armée bavaroise, qui tentait de lui couper la retraite en avant de Hanau (1).

Ce ne fut que sur la rive gauche du Rhin que cette armée commença à respirer, mais non à trouver ce qui était nécessaire à sa subsistance. Pouvait-on espérer cela de l'imprévoyance de celui qui ne savait qu'*aller en avant!* Tout manquait; rien d'assuré pour les hommes sains; rien pour les blessés et malades, ni secours de l'art, ni subsistances, ni hôpitaux, ni moyens de transport.

C'est sous ces tristes auspices que les alliés réunis enfin, pour affranchir l'Europe et la France, et l'humanité toute entière, de l'horrible fléau qui les accablait, passèrent le Rhin au commencement de janvier 1814. Ils commencèrent cette compagne d'autant plus admirable, qu'entrés chez nous en vainqueurs, ils s'y comportèrent en alliés. Bien différens de la campagne suivante, où, entrés chez nous en alliés, la

______

(1) Nous renvoyons le lecteur, pour de plus grands détails, à l'ouvrage ayant pour titre: *Batailles de Leipsick ou Recueil des évènemens mémorables qui ont eu lieu dans cette ville et aux environs*, etc. Un volume in-8°. Paris, J. G. Dentu.

politique moins généreuse de quelques-uns ayant prévalue, ils n'ont que trop agi en vainqueurs.

A la tête de l'un des corps de l'armée française, le maréchal Ney continua de déployer, pour la *grande guerre*, ce talent supérieur qu'on lui avait toujours connu. Ce fut lui qui, à la bataille du 31 janvier, à Brienne, enfonça le centre des alliés seulement avec six bataillons.

Dans toutes les occasions remarquables, il paya de sa personne par son sang-froid imperturbable et son intrépidité.

Enfin, les alliés entrant à Paris le 31 mars, après le combat des hauteurs de Montmartre et de Saint-Chaumont, Buonaparte se retira précipitamment à Fontainebleau, formant encore le dessein de rallier ses débris derrière la Loire. La partie saine des habitans de Paris ayant exprimé le vœu de voir revenir notre Monarque si *désiré*, le corps municipal publia cette énergique proclamation qui valut une honorable proscription à son courageux rédacteur (1), exprimant le même vœu.

Le sénat prononça la déchéance de Buonaparte le 2 avril, et le gouvernement releva l'armée du serment de fidélité à cet ex-empereur.

Le maréchal Ney fut chargé de notifier à Buonaparte sa déchéance, et la nécessité de s'y prêter par une abdication volontaire (2). Il fut,

____

(1) M. Bellart, procureur-général près la cour royale.

(2) On prétend qu'il avait mis cet acte et une paire de

avec Caulincourt et le maréchal Macdonald, l'un des intermédiaires chargés près l'empereur Alexandre, de l'infructueuse négociation relative à ce que Buonaparte avait encore l'impertinence d'appeler sa *dynastie*.

Le maréchal Ney s'empressa d'adresser au prince de Bénévent , comme président du gouvernement provisoire , la lettre ci-après :

Monseigneur,

« Je me suis rendu hier à Paris avec le maré-
« chal duc de Tarente , et M. le duc de Vicence,
« comme chargé de pleins pouvoirs , pour défen-
« dre près de S. M. l'Empereur Alexandre les
« intérêts de la *dynastie* de l'empereur Napoléon.
« Un évènement imprévu ayant tout-à-coup
« arrêté les négociations , qui cependant sem-
« blaient promettre les plus heureux résultats ,
« je vis dès-lors que pour éviter à notre chère
« patrie les maux affreux d'une guerre civile , il
« ne restait plus aux Français qu'à embrasser
« entièrement la cause de nos anciens rois ; et
« c'est pénétré de ce sentiment, que je me suis

---

pistolets sur le bureau de Buonaparte, ne présumant pas qu'il pût survivre à un pareil revers ; mais que se réservant dès-lors pour le funeste projet de son retour, il écarta prudemment les pistolets. On assure qu'à Fontainebleau même , Buonaparte avait assuré à quelques initiés qu'il reviendrait.

« rendu ce soir auprès de l'empereur Napoléon,
« pour lui manifester le vœu de la nation.
« L'empereur convaincu de la position de la
« France et de l'impossibilité où il se trouve
« de la sauver lui-même, a paru se résigner et
« consentir à l'abdication entière et sans aucune
« restriction : c'est demain matin que j'espère
« qu'il m'en remettra lui-même l'acte formel et
« authentique; aussitôt après, j'aurai l'honneur
« d'aller voir votre altesse sérénissime.

    « Je suis, etc.

          « *Signé*, le maréchal NEY. »

La relégation de Buonaparte à l'île d'Elbe s'effectua : le retour de nos princes légitimes semblait avoir à jamais affermi la tranquillité.

L'Europe entière a été plus affligée que sur-
prise de voir Buonaparte, violateur habituel de
tous les traités, se jouant de celui qui lui accordait un séjour tranquille à l'île d'Elbe, et des
égards qu'il ne méritait pas (1), franchir le court
intervalle qui le séparait de la France (2), pour
venir la désoler encore, et lui attirer plus de

____

(1) En effet, les Souverains alliés crurent devoir se res-
pecter dans celui qu'ils avaient reconnu comme tel, et qui
avait obtenu l'insigne honneur de devenir gendre de l'un
d'entr'eux.

(2) Ses suppôts assurent qu'il ne prit ce parti, que parce
que le congrès aurait décidé sa translation à l'île Sainte-
Hélène, et qu'il risqua le tout pour le tout, croyant éviter
une destination qui lui ôtait le moyen de ressaisir sa proie.

maux en trois mois, que ne lui en avaient causé vingt-cinq années de révolution.

Cette agression inouie, qui devenait un attentat envers la patrie, comme envers le prince et l'Europe, n'offrait de chances de succès qu'autant qu'elle était préparée de longue main, et qu'elle trouvait des points d'appui dans ceux-même que leurs sermens et l'honneur obligeaient à la repousser.

Qui ne sait aujourd'hui et les correspondances mystérieuses de l'île d'Elbe, et les voyages des émissaires de Buonaparte de Paris à l'île d'Elbe, et les conciliabules tenus dans cette capitale? Manœuvres criminelles trop encouragées par la clémence, ou par une justice peut-être trop lente à punir (1)!

Le 1er mars, Buonaparte débarque à Cannes, au golfe Juan, semant ses proclamations fallacieuses; promettant au peuple de le rétablir dans ses droits, lui qui n'avait cessé de les fouler aux pieds : parlant de *liberté* (2), d'*égalité*, de *souveraineté nationale :* mots magiques qui, depuis la révolution, avaient été le talisman des agitateurs et des ambitieux qui, ayant toujours à la bouche

____

(1) Que voulez-vous que l'on fasse pour un Roi qui n'a pas la force de nous faire fusiller? disait un des *fier-à-bras* de Buonaparte.

(2) Que le peuple entende seulement le mot de *liberté*, dit Bossuet, il suit en aveugle.

la nation, la patrie, faisaient tout en leur nom, mais non pas pour elles : qui, sous prétexte de les défendre, n'aspiraient qu'au pouvoir, et à se partager leurs dépouilles.

Enfin cet empereur à bonnet rouge, enfant de la révolution, qui rentrait, pour ainsi dire, dans le sein de sa mère, réveillait, par son retour, le desir mal étouffé de nouvelles dignités, de nouvelles richesses, dans ces cœurs insatiables et indifférens au malheur de leurs concitoyens et de l'humanité, pourvu qu'ils pussent, à quelque prix que ce fût, augmenter leur fortune. Ce qui était un présage assuré de sa seconde catastrophe, pour tout esprit sage et clairvoyant, c'était de voir Buonaparte agiter de nouveau la vase révolutionnaire, de le voir ranimer cette dangereuse effervescence que l'on avait eu tant de peine à amortir. Il lâchait la digue à toutes les passions turbulentes; il se donnait pour auxiliaire contre ceux qui avaient quelque chose, le plus grand nombre de ceux qui n'ont rien, gens prêts à tout bouleverser, parce que, dans le désordre, ils ont tout à gagner et rien à perdre.

Le maréchal Soult, alors ministre de la guerre, dépêcha l'un de ses aides-de-camps au maréchal Ney, pour lui intimer l'ordre de se rendre de suite à son gouvernement de Besançon. Ce dernier était alors dans sa terre des Coudreaux, près Châteaudun. Mais, au lieu de suivre sa destination, le 6 mars il revient à Paris pour y chercher, a-t-il dit, ses uniformes, motif au moins vraisemblable, s'il n'était pas vrai.

Avant son départ, il eut l'honneur de faire sa cour au Roi; et pour répondre à la confiance et à la bonté touchante que lui témoignait ce prince, il protesta qu'*il ramenerait Buonaparte dans une cage de fer;* ensuite avec une émotion réelle ou feinte, il baisa la main que le Roi lui tendait, en présence de M. le duc de Duras et autres officiers de service.

Parti le 9 de Paris, il trouva à Besançon les instructions du ministre, qui lui recommandait « de « réunir le plus de forces disponibles pour se- « conder les opérations de S. A. R. Monsieur, « frère du Roi, alors à Lyon, et manœuvrer de « manière à repousser et détruire l'ennemi. »

Le maréchal Ney était-il alors sincèrement disposé à remplir fidèlement sa mission? Ce problème est d'autant plus difficile à résoudre, que, suivant des témoins dignes de foi, jusqu'au 13 mars il avait témoigné les meilleures dispositions; que, selon d'autres, il paraissait initié aux secrets de la conspiration; qu'il leur avait assuré que tout était concerté depuis plus de trois mois, par la coopération de l'Angleterre, de l'Autriche, du roi de Naples (Murat). Il est possible aussi que le maréchal Ney n'ait été ici que l'écho du traître Bertrand, qui venait de lui écrire en ce sens, d'a-

près les ordres et l'astuce accoutumée de Buonaparte.

Mais, ce qui était infiniment répréhensible dans
un capitaine de ce mérite, c'est, suivant la re-
marque du général Lecourbe, la dissémination
qu'il fit de ses troupes à Arbois, Poligny et
autres environs de Lons-le-Saulnier, le 13 mars,
veille du jour où lui-même il lut, dans cette dernière ville, la trop fameuse proclamation qui lui
faisait jeter le masque de son équivoque fidélité
au Roi, et le montrait à front découvert, l'un
des principaux soutiens de l'usurpateur : c'est
d'avoir refusé le service des gardes d'honneur
que lui avait offert M. le comte de Villars, ancien
colonel de cette arme, craignant peut-être que
l'attachement au Roi, de ces braves jeunes gens,
ne contrariât ses vues à Lons-le-Saulnier. Il pré-
féra que M. de Villars les retînt à Poligny, où il
était plus facile de neutraliser leurs excellentes
dispositions.

C'est encore d'avoir rejeté la proposition qu'on
lui faisait de mobiliser toute la garde nationale
de Franche-Comté, en disant qu'elle lui serait
plus embarrassante qu'utile ; qu'il ne lui fallait ni
pleurnicheurs ni *pleurnicheuses*.

Dans la soirée du 13, le maréchal Ney reçut
mystérieusement des émissaires de Buonaparte,
et une lettre du général Bertrand, dans laquelle, en le pressant d'abandonner l'étendard

(41)

des lis, il l'appelait *le brave des braves*. Le maréchal, flatté sans doute par cette amorce qui chatouillait son ambition, annonça dès le lendemain matin ses dispositions anti-royalistes aux généraux de Bourmont et Lecourbe. Ceux-ci firent de vains efforts pour l'en détourner : il les entraîna avec lui sur le terrain où déjà, par ses ordres, les troupes restées à Lons-le-Saulnier étaient formées en carré sur la place.

Quels termes assez énergiques, assez forts, pour exprimer toute la déloyauté d'un homme qui prodigue au Roi des démonstrations de dévouement qu'on ne lui demandait pas, manque à la fidélité qu'il devait, et qu'il avait jurée à son Souverain, dont la bonté céleste lui avait conservé tous ses avantages, et lui donnait encore la plus grande marque de sa confiance, en le chargeant de l'un des commandemens militaires les plus décisifs dans la conjoncture !

Après s'être placé au milieu du carré avec tout son état-major, le maréchal Ney brandit son épée, fait battre un ban, et lit à haute voix la proclamation ainsi conçue :

ORDRE DU JOUR.

Le maréchal, prince de la Moskowa, aux troupes de son commandement.

« Officiers, sous-officiers et soldats,

« La cause des Bourbons est à jamais perdue !

« La dynastie légitime que la nation française a
« adoptée va remonter sur le trône : c'est à l'em-
« pereur Napoléon, notre souverain, qu'il appar-
« tient seul de régner sur notre beau pays ! Que
« la noblesse des Bourbons prenne le parti de
« s'expatrier encore, ou qu'elle consente à vivre
« au milieu de nous, que nous importe?

« La cause sacrée de la liberté et de notre indé-
« pendance ne souffrira plus de leur funeste in-
« fluence. Ils ont voulu avilir notre gloire mili-
« taire (1), mais ils se sont trompés : cette gloire
« est le fruit de trop nobles travaux, pour que
« nous puissions jamais en perdre le souvenir.

« Soldats, les temps ne sont plus où l'on
« gouvernait les peuples en étouffant tous leurs
« droits (2).

---

(1) Etait-ce avilir sa gloire militaire, que delui laisser, à lui
et à ses frères d'armes, tous leurs titres, tous les avantages
qu'elle leur avait procurés, et d'y ajouter, le 20 mai, pour
le maréchal Ney, le commandement en chef des corps royaux,
des cuirassiers, dragons, chasseurs et chevau-légers, lan-
ciers de France ? le 1er juin, le titre de chevalier de Saint-
Louis ? le 4 du même mois, celui de Pair de France ? enfin,
le gouvernement de la sixième division militaire?

(2) Et qui, plus que Louis XVIII, les avait consacrés !
Les plus fougueux partisans du Corse usurpateur, n'ont-ils
pas, eux-mêmes, reconnu que la Charte constitutionnelle
était plus libérale, plus conforme aux droits du peuple que
l'Acte additionnel aux soi-disant constitutions de l'Empire,
qui se détruisaient l'une par l'autre, toujours en vertu de
sénatus-consultes *organiques*, ou plutôt vraiment *désor-
ganiques?*

« La liberté triomphe enfin (1), et Napoléon,
« notre auguste empereur, va l'affermir à jamais.
« Que désormais cette cause si belle soit la nôtre,
« et celle de tous les Français ! Que tous les
« braves que j'ai l'honneur de commander se
« pénètrent de cette grande vérité.

« Soldats, je vous ai souvent menés à la vic-
« toire : maintenant je veux vous conduire à
« cette phalange immortelle que l'empereur Na-
« poléon conduit à Paris, et qui y sera sous peu
« de jours; et là notre espérance et notre bon-
« heur seront à jamais réalisés. *Vive l'empereur!*

« Lons-le-Saulnier, le 13 mars 1815.

« *Le maréchal d'Empire,*

« *Signé* prince de la Moskowa. »

La foudre ne produit pas un effet plus atté-
rant que celui que fit éprouver à une partie des
troupes la lecture de cette proclamation. Chacun
était stupéfait, consterné. Ce n'est que quand le
maréchal Ney cria *vive l'empereur!* que ce cri fatal
de rebellion fut répété par ceux qui, immédiatement sous ses yeux, l'entourraient de plus près;
tandis que le plus grand nombre et le reste,
sur la gauche, qui n'avait rien entendu, criait

---

(1) Quelle liberté! La licence, l'anarchie révolutionnaire,
la dévastation, le pillage et les fédérés !.....

ces mots chers à tout vrai Français : Vive le Roi !

Dans son ivresse, le maréchal embrassait les premiers venus , généraux , officiers , soldats , jusqu'aux fiffres et aux tambours, assurant que *tout était arrangé depuis plus de trois mois ;* que le retour de l'usurpateur était convenu avec les puissances et la plupart des maréchaux de France.

Il ordonna des illuminations à Lons - le - Saulnier, y fit imprimer et placarder sa proclamation dès le jour même.

Cependant, le silence improbateur, et la contenance morne de ce qu'il y avait de gens d'honneur fidèles à la patrie comme à leur Roi, durent lui faire sentir que la gloire militaire s'éclipsait dès qu'on ne la cherchait pas dans les sentiers du devoir et de la fidélité. Plusieurs généraux et officiers de tout grade, le baron Clouet même, son premier aide-de-camp, s'éloignèrent avec une noble et courageuse indignation d'un chef en qui ils ne voyaient plus qu'un suborneur. On doit citer avec honneur M. le lieutenant-général Delort, le général Jarry, le colonel Dubalin , MM. les comtes de Bourmont et de la Gennetière, dont le dernier lui écrivit : « Que ne sa-
« chant pas transiger avec l'honneur, et ne se
« croyant pas dégagé des promesses qu'il avait
« faites au Roi entre les mains de *Monsieur,*
« lorsqu'il fut reçu chevalier de Saint-Louis , ne

« pouvant continuer des fonctions préjudicia-
« bles à son prince, il quittait l'état-major (du
« maréchal Ney) et que, dût son existence en
« être compromise, il la sacrifiait à son de-
« voir ».

N'ayant pu déterminer le marquis de Vaul-
chier, préfet du Jura, à rester à la tête du département au nom de Buonaparte; et ce fidèle
administrateur, lui exprimant l'horreur que lui
faisait éprouver une pareille proposition, le maréchal Ney lui répondit que cette horreur *était
une bêtise.*

Courroucé de ne pas trouver plus de docilité
dans ceux dont il n'avait pu ébranler la fidélité,
il dressa un ordre d'arrestation contre MM. les
généraux Lecourbe, Delort, le général Jarry,
les comtes de Bourmont, de la Gennetière, Scey
MM. Durand, Duballin et le commandant d'Au-
xonne, à qui il avait ordonné vainement de se
soumettre lui et la ville qu'il commandait, aux
bandes de l'usurpateur.

Il ne s'attacha plus qu'à favoriser les progrès
de l'usurpateur et de la propagande, en insurgeant
les pays par où il passait, en y multipliant les
exemplaires de la proclamation du 14. Elle fut
mise à l'ordre du jour et réimprimée à Dôle, pla-
cardée en cette ville, à Poligny, à Arbois, où
des émissaires la répandaient avec profusion.

Il écrivit par ordre de Buonaparte au duc de

Bassano (Maret), de suspendre provisoirement toutes mesures à Paris (1). Bien plus, il se permit aussi de transmettre aux maréchaux duc de Reggio (Oudinot) et d'Albufera (Suchet), des ordres du général Bertrand. Il s'était empressé, dès le 14 au soir, de dépêcher à Buonaparte le baron de Préchamp (M. Passinges), pour lui rendre compte des dispositions qu'il avait prises en sa faveur.

Secondé par les moyens même qu'une trop grande confiance lui opposait, parce qu'on n'avait pas assez soigneusement évité de mettre des âmes vénales et vulgaires, malgré leurs rangs et leurs titres, entre leur devoir et leur intérêt, Buonaparte s'avançait sur Paris avec une rapidité que la faction érigeait en prodige, comme si la trahison n'avait pas tout préparé pour l'accélérer. Dès son entrée nocturne et furtive (2) dans la capitale, hésitant sur l'attitude qu'il devait prendre, affectant une modestie bien contraire à ses vues, il n'exerce d'abord qu'une dictature indéterminée; il convoque les colléges électoraux en même

____

(1) On a vu dans le procès de Lavalette, que cet ex-directeur - général des postes avait défendu, dès le 20 mars, de délivrer des chevaux sans un ordre exprès de lui, du général Excelmans, ou du duc de Bassano (Maret); ce qui prouve que ce dernier était un des principaux agens de Buonaparte à Paris, et la connnivence du maréchal Ney avec lui.

(2) On l'appela une entrée *de chauve-souris.*

temps qu'il commande tous les moyens d'in-
fluencer leurs choix. Imitateur maladroit du gouvernement royal, il forme une chambre des pairs
de ce qui reste de plus éminent en dignités civiles
ou militaires, ou d'hommes marquans dans le
parti dont il sent le besoin d'appuyer sa faiblesse.
Il y appelle le maréchal Ney. A l'instar de la charte
constitutionnelle, il proclame un *acte additionnel*
aux prétendues Constitutions de l'Empire. Il pré-
pare cette jonglerie appelée le *Champ-de-Mai*, où
vinrent siéger comme *électeurs*, accepter, signer
l'acte additionnel, jurer fidélité à Buonaparte,
proscription irrévocable à nos princes légitimes,
une foule non moins avide à rechercher et à sur-
prendre encore les faveurs et les postes de confiance, que les intentions du Roi ne destinent qu'à
des serviteurs dont le zèle et la fidélité sont depuis
long-temps à l'épreuve des persécutions de l'usurpateur, et qui bien loin d'avoir rien obtenu,
enveloppés dans un silence modeste, pleins de
confiance dans la justice du monarque, n'ont
même encore rien demandé.

Buonaparte, croyant faire illusion aux cabinets
de l'Europe, comme il en impose à une troupe
égarée, réunit sa chambre de *représentans* pour
nationaliser, au moins en apparence, son usur-
pation.

Mais trop éclairés par leur propre expérience,
encore plus par la nécessité d'arrêter dans sa

source ce nouveau torrent révolutionnaire que par le juste désir de maintenir sur son trône leur auguste et vénérable allié, les Souverains de la coalition développent simultanément contre l'ennemi commun une masse de forces qui, pour avoir été surabondantes, n'en était que plus propre à terminer plutôt et sans retour, cette lutte à Waterloo. La part que le maréchal Ney prit à cette bataille, prouve son peu de respect pour la sainteté du serment, qui, comme chevalier de Saint-Louis l'attachait au Roi. Rien ne l'en avait relevé, comme il le fut, ainsi que l'armée, du serment de fidélité à Buonaparte après sa déchéance légale et l'abdication de ce dernier : il était *mort dans l'ordre politique.*

Louis le *Desiré*, et que l'on pourrait à si juste titre appeler le *Regretté*, rentre enfin dans sa Capitale le 8 juillet, en *plein jour*, au milieu des cris de l'allégresse publique et spontanée, et de l'attendrissement de tous les honnêtes gens.

Ses ministres lui proposent cette ordonnance du 24 juillet (1) qui désignait à la justice plu-

---

(1) Mesure aussi incomplète qu'elle parut intempestive, qui semblerait décéler peu de droiture de la part de ceux qui l'ont proposée, puisqu'elle était accompagnée de l'imprudence, d'une part, de porter des coups mal assurés à des chefs encore à la tête de leurs troupes, et qu'ils pouvaient entraîner dans leur félonie; de l'autre, de sauver par la fuite, et de donner l'éveil à de vrais coupables, dont il fallait commencer par s'assurer.

sieurs de ceux que l'opinion signalait comme les fauteurs de l'attentat du 20 mars, et dans laquelle en conséquence, devait figurer le maréchal Ney (1).

Dès le 31 juillet, il s'était secrètement rendu au château de Bessonies, près Aurillac, appartenant à une parente de la maréchale ; il s'y était introduit sous le nom de M. d'Escaffre. Il y fut arrêté le 4 août, à deux heures du matin, par un officier de police : celui-ci était à sa piste, et le reconnut à la richesse de son sabre, qui fixa les soupçons que l'on avait sur l'asile où il s'était retiré. Le maréchal Ney fut conduit et arriva à Paris, le 19 août, escorté par un fort détachement de gendarmerie.

La prison militaire de l'Abbaye ne paraissait point assez sûre pour un prisonnier de cette importance. Il fut incarcéré à la Maison de justice de Paris (la Conciergerie, où avait été détenue la Reine, à jamais déplorable épouse du trop infortuné Louis XVI). En exécution des ordonnances du Roi des 24 juillet et 2 août, il fut traduit devant le conseil de guerre permanent de la

---

(1) Les journaux de cette époque rappellent que le maréchal Ney, pressentant les suite de sa conduite, écrivit à l'empereur Alexandre pour lui offrir ses services ; que ce prince lui fit répondre : que « ses armées ne comptant que des braves « pleins d'honneur et de fidélité à leur Souverain, il ne « voyait pas dans laquelle il pourrait l'admettre. »

4

première division, composé suivant le mode indiqué par la loi du 4 fructidor an 4, bulletin 138,
relativement au jugement des généraux, d'abord
de MM. les maréchaux Moncey, duc de Cone-
gliano (1), Augereau, duc de Castiglione, Mas-
sena, prince d'Essling, Victor, duc de Bellune,
Mortier, duc de Trévise, le comte Jourdan,
président ; des lieutenans-généraux comte Villate,
le comte Claparède, et Gazan, remplaçant M. le
lieutenant-général comte Maison, gouverneur de
la première division militaire, comme plus ancien de service. L'information fut faite par M. le
maréchal-de-camp Grundler, rapporteur, avec
un soin et une sagacité dignes du magistrat le plus
consommé.

Le maréchal Ney fit parvenir au Roi et publier
par la voie de l'impression, plusieurs mémoires,
les uns tendant à dégager le motif principal de sa
mise en cause, d'impressions défavorables répan-

______

(1) Le maréchal Moncey s'étant refusé à remplir cette
mission par des motifs qui, sans être précisément ceux que
l'article 6 de la loi du 13 brumaire an 5 indique comme
excuse légale, attestaient son excessive délicatesse, a été
puni, suivant cette loi, de destitution et de trois mois d'em-
prisonnement. Cette rigueur, qui tenait sans doute beaucoup
plus au maintien de la discipline et à l'empire des circonstances, était applicable par le conseil *compétent pour la
prononcer* (dit la loi), ne fera que rendre le Nestor des maréchaux de France plus intéressant devant l'autorité magna-
nime, qui préfère modifier sur ce qu'elle a fait à l'inconvé-
nient d'atténuer les principes ou les formes légales.

dues dans le public, dans les conversations et pardes caricatures qu'une police vraiment libérale a sagement interdites, comme pouvant exercer quelqu'influence sur le sort de ceux qui sont devant la justice, ou insulter au malheur, fût-il même le plus mérité : les autres contestant la compétence du conseil de guerre saisi de la cause, en se prévalant de la nature du délit et de l'article 34 de la charte, ainsi conçu : «Aucun pair « ne peut être arrêté que de l'autorisation de la « chambre et jugé que par elle en matière cri- « minelle, » et de ce que le maréchal Ney était encore revêtu de la pairie royale à l'époque où il serait devenu coupable.

Le commissaire du Roi opposant l'ordonnance de Sa Majesté, qui déclarait déchu de la pairie quiconque avait siégé comme *pair de Buonaparte.*

Cette question fut solennellement discutée d'une manière contradictoire entre le défenseur, M. l'avocat Berryer, le général-rapporteur qui adopta ses conclusions, et M. le commissaire-ordonnateur Joinville, faisant fonctions de commissaire du Roi, qui défendit la compétence.

Le 11 novembre, le conseil de guerre, après moins d'un quart-d'heure de délibération, se déclara incompétent pour juger le maréchal Ney, le renvoyant devant qui de droit, avec toutes les pièces et documens résultans de l'information. M. le commissaire du Roi Joinville se pourvut devant le conseil de révision. Il était possible que le jugement d'incompétence fût annullé par ce tribunal régulateur des procédures militaires, et qui tient lieu de cour de cassation militaire; mais le Roi, toujours plein de respect pour l'indépendance judiciaire, bien loin de scruter les motifs de cette décision, rendit les ordonnances des 11 et 12 novembre, qui saisissaient la chambre des pairs de la connaissance de ce grand procès, l'autorisant à opérer en ce qui pourrait se concilier avec son organisation, suivant la procédure indiquée par le Code aux cours spéciales, chargeant, comme ministère public, M. le procureur-général Bellart de soutenir l'accusation.

MM. les ministres vinrent apporter à la chambre des pairs l'ordonnance du 11. M. le duc de Richelieu, président du conseil des ministres, tous nommés commissaires accusateurs, porta la parole avec cette dignité et cette éloquence nerveuse convenable au sujet et à son grand caractère.

La chambre acquiesça unanimement aux intentions du Monarque, en acceptant cette importante mission. Elle arrêta l'insertion dans son procès-verbal, tant de l'ordonnance du 11 que de celle du 12, qui la développait et régularisait sa marche. M. le chancelier commit à l'information pour entendre les témoins et interroger le maréchal Ney, M. le premier président Séguier. De

suite, il procéda à l'interrogatoire du maréchal et
à l'audition des témoins. Cette information ter-
minée, MM. les ministres et M. le commissaire-
général Bellart en prirent communication : ce
magistrat dressa l'acte d'accusation au nom et
signé de lui et des ministres commissaires du Roi.
Le tout fut lu à la chambre des pairs, qui lança
le décret de prise de corps. Ces pièces furent
signifiées au maréchal Ney le 18 novembre, et la
chambre s'ajourna au 21 pour procéder, en présence du maréchal Ney, accusé par les ministres
du Roi et par le procureur-général près la cour
royale, « d'avoir entretenu avec Buonaparte des
« intelligences à l'effet de faciliter à lui et à ses
« bandes, leur entrée sur le territoire français,
« et de lui livrer des villes, forteresses, magasins
« et arsenaux, de lui fournir des secours en
« soldats et en hommes, et de seconder le progrès
« de ses armes sur les possessions françaises,
« notamment en ébranlant la fidélité des officiers
« et des soldats ;

« De s'être mis à la tête de bandes et troupes
« armées ; d'y avoir exercé un commandement
« pour envahir des villes dans l'intérêt de Buona-
« parte, et pour faire résistance à la force publi-
« que agissant contre lui ;

« D'avoir passé à l'ennemi avec une partie des
« troupes sous ses ordres ;

« D'avoir, par des discours tenus en lieux pu-

« blics , placards affichés et écrits imprimés ,
« excité directement les citoyens à s'armer les uns
« contre les autres ; .

« D'avoir excité ses camarades à passer à l'en-
« nemi ;

« Enfin d'avoir commis une trahison envers le
« Roi et l'Etat , et d'avoir pris part à un complot
« dont le but était de détruire et changer le gou-
« vernement et l'ordre de successibilité au trône ;
« d'exciter la guerre civile en armant ou portant
« les citoyens et habitans à s'armer les uns contre
« les autres ;

« Tous crimes prévus par le code pénal et la
« loi du 21 brumaire an 5. »

Première séance publique du 21 novembre.

A dix heures et demie , au jour indiqué , la
chambre entra en séance. M le chancelier , président , ayant à sa droite MM. le vicomte de
Chateaubriand, le duc de Choiseul, et à sa gauche
M. le premier président en cassation Desèze, et le
comte Pastoret , secrétaire.

A droite du bureau était placé M. le procureur-général Bellart , vis-à-vis , MM. les ministres le duc de Richelieu , Barbé-Marbois , le
comte Dubouchage , le duc de Feltre , de Vau-
blanc, Corvetto , de Cazes.

A gauche du même bureau, et dans le couloir
qui conduit au parquet, était pratiquée une barre,

où déjà se trouvaient MM. Berryer et Dupin, avocats de l'accusé.

On remarquait à leurs tribunes respectives plusieurs membres de la chambre des députés des départemens, quelques-uns du corps diplomatique, des étrangers de distinction, et les particuliers que l'exiguité d'un local qui, pour la première fois recevant cette destination, permettait d'admettre.

M. le chancelier défendit, d'après la loi, toute marque d'approbation ou d'improbation. Il ordonna, et le secrétaire-général chargé des fonctions de greffier, fit l'appel nominal auquel chaque pair, en se levant, repondit *présent*. Ce n'est pas sans intérêt que l'on entendait retentir dans cette enceinte les noms qui, dans l'ancienne et la moderne France, ont le plus contribué à son illustration.

A onze heures, l'accusé parut libre et sans fers à la barre, dans une tenue très-simple, n'ayant qu'un frac-uniforme, des épaulettes de son grade et une plaque ou crachat de la légion d'honneur.

Après avoir, par trois fois, salué la chambre avec un air d'émotion, il prit place entre ses défenseurs.

M. le chancelier lui demanda ses noms, prénoms, âge, titres et profession, qu'il déclina; il l'avertit d'être attentif à ce qu'il allait entendre, et à s'expliquer sans crainte, ajoutant qu'il trouverait dans la chambre toute l'impartialité désirable.

Le secrétaire-général, M. Cauchy, lut l'acte d'accusation.

Ensuite M. le chancelier dit : « M. le maréchal Ney, vous êtes accusé du crime de haute-trahison et d'attentat à la sûreté de l'Etat, etc., qu'avez-vous à répondre ? »

Le maréchal Ney lut ces mots : Je prie la chambre de vouloir bien entendre mes défenseurs dans le développement de mes *moyens préjudiciels* (1).

M. Berryer ayant obtenu la parole, s'est efforcé d'établir de vive voix, les moyens qu'il avait exposés dans un mémoire imprimé que l'on distribua avant cette séance, et dont le but était de faire reconnaître à la chambre l'insuffisance des deux ordonnances royales, pour déterminer sa marche dans le cours de ce grand procès.

Il se prévalait de la prétendue nécessité d'une loi pour définir les crimes de haute trahison, et de ce que le mode des *cours spéciales* ne pouvait être suivi par la chambre des pairs.

Toutes ces raisons ont été victorieusement réfutées par M. le procureur-général comme futiles, dilatoires, et comme n'étant propres qu'à ralentir la marche de la justice et à éluder le jugement

______

(1) On appelle ainsi, en termes de jurisprudence, ceux sur lesquels on doit statuer avant de décider la question principale.

sur le fonds. Il a d'autant plus insisté sur la nécessité de passer outre, que les défenseurs annonçaient l'intention de présenter encore successivement d'autres *moyens préjudiciels*. « S'il y en a dans la cause, a dit éloquemment ce magistrat, qu'on les présente simultanément, les commissaires du Roi se feront un devoir de les appuyer; mais s'ils ne sont pas fondés, nous invitons la chambre à passer outre, en invitant le maréchal Ney à présenter à-la-fois et les moyens préjudiciels et les nullités qu'il croit pouvoir reprocher à la procédure. »

La chambre se retira dans la salle du conseil (galerie de Rubens, où des tables, des banquettes et deux urnes propres à recevoir les votes, étaient disposées); on fit sortir le maréchal Ney sous la garde de son escorte, et après environ deux heures de délibération, la chambre rentra (le maréchal Ney étant à la barre). M. le chancelier dit : « La chambre faisant droit sur les conclusions de M. le procureur-général, et sans avoir égard aux *moyens préjudiciels* proposés, passe outre; autorisant le maréchal Ney à présenter ses moyens préjudiciels et de nullité à l'audience du jeudi 23 novembre, faute par lui de le faire, il n'y sera plus admis. » La séance fut levée vers six heures et demie du soir.

Deuxième audience du jeudi 23.

Cette séance s'est ouverte comme la précédente,

par l'appel nominal , chacun ayant pris place et l'accusé se trouvant à la barre.

M. Berryer a obtenu la parole pour plaider sur les nullités qu'il a réduites à cinq. Nous allons les parcourir en rapportant succinctement les moyens que leur a opposés le ministère public.

Première nullité résultante, dit M. Berryer, de ce que l'arrêt du 13 n'est attesté que par la signature de trois membres du bureau , ce qui est contraire à l'article 234 du Code de procédure criminelle , qui porte que l'arrêt doit être signé par tous les juges qui y ont concouru.

L'arrêt que l'on attaque n'est , dit M. le procureur-général , qu'un accusé de réception de pièces ; il ne change rien de l'état du prévenu : il n'y avait pas lieu à le faire signer par tous les pairs , à la différence de l'arrêt du 17 suivant , portant décret de prise de corps contre le maréchal Ney , et qui a été signé par tous les pairs.

2° M. Berryer croit voir une seconde nullité, en ce que la chambre n'a pas prononcé de *mise en accusation*. — La chambre des pairs a rempli les fonctions de *grand-juré* prononçant sur la nature des préventions. Après cette décision , les commissaires du Roi ont dressé , comme ils le devaient , l'acte d'accusation , et sur le vu des charges , la chambre a décrété la *prise de corps*. C'est tout ce qu'elle pouvait faire suivant la loi et la raison.

Troisième nullité. L'acte d'accusation n'a point été signifié dans *les trois jours*.

Ce délai, répond le procureur-général, n'est point pour l'accusé, car le procureur-général peut, dès le premier jour, faire signifier l'acte d'accusation.

Quatrième nullité. Suivant l'article 296, le président n'a point averti l'accusé que, pendant les cinq jours suivant son interrogatoire, il a le droit de former ses demandes en nullité, et qu'après ce délai, il n'y serait plus recevable.

M. Bellart. Cet article n'est relatif qu'à l'arrêt de compétence ou de renvoi devant la *cour spéciale.* Il ne peut s'appliquer sous aucun égard aux actes de la chambre des pairs, dont les décisions rendues en dernier ressort ne sont susceptibles d'être infirmées par aucune juridiction supérieure.

D'ailleurs, puisqu'il n'y a point de juridiction ultérieure pour le maréchal Ney, il ne peut tirer aucun avantage des irrégularités qu'il cherche dans sa procédure écrite, puisque ce n'est point d'après elle, mais bien d'après la procédure *orale,* vive et contradictoire qu'il sera jugé.

La *cinquième nullité* qu'invoqua M. Berryer se fonda sur le défaut de temps nécessaire, qui privait, disait-il, le maréchal Ney de l'avantage de faire entendre des témoins à décharge éloignés, suivant l'article 315 de procédure criminelle.

M. le commissaire répondit que pendant trois semaines écoulées avant le jugement de compétence du conseil de guerre, le maréchal Ney avait eu le temps de se mettre en mesure à cet égard ; qu'au surplus, il abandonnait la partie de l'accusation antérieure au 14 mars, et relativement à laquelle les témoins auraient à déposer.

M. Bellart, sur l'invitation de M. le chancelier, répondit au reproche allégué contre la non signification légale de l'acte d'accusation au maréchal Ney.

M. le procureur-général observa que le maréchal a signé, de *sa main*, la reconnaissance de cette signification ; et que rien ne prouve d'ailleurs que la copie dont on excipait, fût effectivement celle qui avait été laissée à l'accusé.

La chambre se retira, et rentrant après deux heures de délibération, M. le chancelier prononça en ces termes l'arrêt interlocutoire : « La chambre rejette les moyens de nullité proposés et ordonne qu'il sera passé outre aux débats.

M. Berryer insista de nouveau sur l'audition de vingt témoins à décharge, dont il désignait quelques-uns, en demandant au moins *huit jours* de délai.

M. le procureur-général combattit cette demande.

La chambre, après une nouvelle délibération, s'ajourna au lundi 4 décembre pour tout délai, accordant ainsi onze jours au lieu de huit.

Nous ne nous sommes arrêté sur ces divers incidens de pure forme (contraires même, a-t-on

assuré, aux intentions du maréchal Ney, mais
que ses défenseurs ont cru de leur devoir de ne
pas négliger , espérant gagner du temps et parvenir à sauver le fonds par les formes), que pour
faire voir avec quelle sagesse, quelle modération
et quelle dignité on a procédé dans la conduite
de ce grand procès.

Quelle énorme différence entre les commissions militaires et les chambres ardentes de Buonaparte, où l'on ne faisait qu'apparaître pour de
là marcher à la mort, comme l'illustre victime
que les fossés de Vincennes virent tomber sous
un plomb mortel (1), et la justice impartiale du
Roi, qui de lui-même semble, comme Antiochus,
protéger de son sceptre ceux qu'il est forcé
d'abandonner aux organes de la loi!

Quelle indépendance d'opinion dans les juges
militaires ou civils! quelle majestueuse tempori-
sation dans la chambre des pairs! quel respect,
quels égards pour l'innocence présumée! Ainsi,
plus de ces décisions précipitées , de ces juge-
mens *ab irato* ; plus de ces juges qui , s'érigeant

---

(1) L'infortuné duc d'Enghien, dont la fosse se creusait
pendant qu'il était devant la commission sans défenseur, sans
même qu'on lui accordât les consolations du ministre de la
religion qu'il avait demandé, ou d'un ecclésiastique quel-
conque, on répondit avec une ironie cruelle à ce malheureux
Prince, unique rejeton de la branche la plus illustre : *Ils
sont couchés !!!* Expression atroce, et qui peint les hommes
de cette époque.

eux-mêmes en accusateurs, semblaient avoir intérêt à la condamnation des malheureux qu'ils avaient à juger.

Cette solennité d'instruction n'est-elle pas le signe le plus certain d'un retour salutaire à la morale publique, et une marque infaillible que le gouvernement paternel du Roi a le sentiment de sa force et de sa dignité?

Madame la maréchale Ney avait été près le duc de Wellington, réclamer en faveur de son mari la dernière capitulation de Paris, prétendant qu'elle garantissait de toutes poursuites relatives aux faits antérieurs à sa date. Ce général lui fit la même réponse qu'on aura sans doute reçue des ministres des autres puissances près de qui la même démarche a été faite : « Que cette con- « vention n'ayant point été acceptée par le Roi « de France, les Souverains alliés n'étaient point « tenus d'en garantir l'exécution, et que d'ailleurs « ils ne pouvaient intervenir dans les affaires in- « térieures du royaume. »

Le 4 décembre, jour auquel la chambre des pairs s'était ajournée pour continuer les débats relatifs au maréchal Ney, elle ouvrit vers dix heures du matin sa séance en la manière accoutumée. Toute cette journée fut consacrée à l'audition des témoins tant à charge qu'à décharge.

Il fut constaté et avoué que, dans la nuit du 13 au 14 mars, le maréchal Ney était en communication directe avec Buonaparte; que ses émissaires vinrent mystérieusement chez lui sans qu'il les eût fait arrêter.

L'une des déclarations les plus accablantes , fut celle de M. le lieutenant-général comte de Bourmont.

Il déclara que le maréchal Ney lui avait montré sa proclamation ; que, malgré ses observations, réunies à celles du lieutenant-général Lecourbe, le maréchal Ney avait été la lire à ses troupes, réunies et formées en carré sur la place de Lons-le-Saulnier, le 14 mars, de dix à onze heures du matin.

Cette déclaration fut confirmée par plusieurs témoins, qui dirent qu'après cette lecture , le maréchal Ney, dans son ivresse , embrassait tous ceux qui se trouvaient à sa portée, généraux, officiers, soldats, jusqu'aux fiffres et tambours. On a affirmé qu'une demi-heure après, il portait les décorations à l'aigle, au lieu de l'effigie de Henri IV.

Et qu'au lieu de concentrer toutes ses forces et de les tenir à la disposition de MONSIEUR, qui alors était à Lyon, il les dissémina, ce qui rendait leur défection plus facile. D'autres témoins relatèrent des propos peu respectueux pour nos Princes légitimes, et qu'aurait tenus le maréchal Ney. Il fut affirmé, qu'en prenant congé du Roi, le 6 mars, pour se rendre dans son gouvernement militaire, il baisa la main de ce Prince, en disant qu'il amènerait vivant à Paris Buonaparte dans *une cage de fer*.

M. le procureur-général Bellart exposa l'accusation avec autant de force et de clarté que de précision.

Les avocats ayant obtenu la parole, M. Berryer s'attacha à la réfutation des charges, en discutant les déclarations des témoins, faisant ressortir celles qui contenaient quelques circonstances favorables à son client.

Il s'efforça d'établir que les faits imputés à l'accusé n'étaient point *qualifiés crimes*. Que le maréchal Ney, censé complice de l'entreprise de Buonaparte, ne pouvait être passible de l'application d'une peine, tandis que les Souverains alliés ne lui en avaient infligé d'autre que sa relégation à l'île Sainte-Hélène.

Que la convention du 3 juillet, le traité du 20 novembre, semblaient garantir l'oubli du passé relativement aux faits et aux opinions politiques.

Qu'enfin Sarre-Louis, lieu de naissance du maréchal Ney, étant cédé à la Prusse en vertu du dernier traité de paix, il n'était plus Français, et ne pouvait être jugé comme tel.

Monsieur le procureur-général, après avoir observé que ces moyens insolites avaient dû être présentés avec les autres moyens *préjudiciels ;* que l'on ne devait plus occuper la chambre que des faits énoncés en l'acte d'accusation, requis la chambre d'ordonner aux défenseurs de se circonscrire dans les moyens de défense relatifs au fonds de la cause.

M. le chancellier les engagea à s'y restreindre, en vertu de *son pouvoir discrétionnaire*.

Le maréchal Ney prit la parole, et dit avec véhémence : « Oui, Messieurs, je suis Français, et je mourrai Français. Je prie son Excellence d'entendre ce que j'ai à dire (et en lisant un papier) : Jusqu'ici ma défense a paru libre ; je m'aperçois qu'on l'entrave. Je remercie mes défenseurs de ce qu'ils ont fait, de ce qu'ils sont prêts à faire encore. Je préfère qu'ils cessent de me défendre, plutôt que de me défendre imparfaitement..... Je suis accusé contre la foi des traités ; et l'on ne veut pas que je les invoque ! J'abandonne ma défense : comme Moreau, j'en appelle à l'Europe et à la postérité. »

Après quelques observations de M. le procureur-général, le chancelier invite de nouveau les défenseurs à plaider sur les faits.

« Je le leur défend, dit le maréchal Ney, à moins qu'ils n'aient la faculté d'employer tous les moyens qui sont en leur pouvoir ; autrement la chambre peut me juger : j'abandonne ma défense. »

M. le procureur-général dit : « Puisque l'accusé

veut clore la défense, nous renonçons à toute
réplique ; nous allons prononcer, et déposons
sur le bureau, et au nom des commissaires du
Roi, leur réquisitoire ainsi conçu :

« Les commissaires du Roi, chargés par ordonnances de S. M. des 11 et 12 novembre,
de soutenir devant la chambre des pairs l'accusation de haute trahison et attentat contre la
sûreté de l'Etat, imputée au maréchal Ney ;

« Attendu que de l'instruction et du débat il
résulte la preuve que Michel Ney, maréchal de
France, duc d'Elchingen, prince de la Moskowa,
ex-pair de France, s'est rendu coupable d'avoir entretenu avec Buonaparte des intelligences à l'effet
de faciliter à lui et à ses bandes leur entrée sur
le territoire français, et de lui livrer des villes,
forteresses, magasins et arsenaux, de lui fournir
des secours en soldats et en hommes, et de seconder le progrès de ses armes sur les possessions françaises, notamment en ébranlant la fidélité des officiers et des soldats ;

« De s'être mis à la tête des bandes et troupes
armées, d'y avoir exercé un commandement pour
envahir des villes dans l'intérêt de Buonaparte,
et pour faire résistance à la force publique agissant contre lui ;

« D'avoir passé à l'ennemi avec une partie des
troupes sous ses ordres ;

« D'avoir, par discours tenus en lieux publics ; placards affichés et écrits imprimés , excité directement les citoyens à s'armer les uns contre les autres ;

« D'avoir excité ses camarades à passer à l'ennemi ;

« Enfin, d'avoir commis une trahison envers le Roi et l'Etat, et d'avoir pris part à un complot dont le but était de détruire et changer le gouvernement et l'ordre de successibilité au trône ; comme aussi d'exciter la guerre civile, en armant ou portant les citoyens et habitans à s'armer les uns contre les autres ;

« Tous crimes prévus par les articles 77, 87, 88, 89, 91, 92, 93, 94, 95 et 102 du Code pénal ; et par les articles 1er et 5 de la loi du 2 brumaire an 5 ;

« Il plaise à la Cour le déclarer atteint et convaincu des crimes ci-dessus spécifiés , et lui faire l'application des articles du Code. »

Le chancelier demanda au maréchal Ney s'il avait quelqu'observation à faire sur l'application de la peine. Sur sa réponse négative, il lui ordonna, ainsi qu'au public, de se retirer. Le maréchal Ney salua la chambre. Il fut reconduit par son escorte. Après environ six heures de délibération, la séance fut rendue publique vers onze heures et demie. Le chancelier ordonna aux huis-siers d'avertir les défenseurs (ils étaient absens), et prononça l'arrêt (1) en ces termes :

« M. le président :

« La chambre , après en avoir délibéré ;

«Attendu qu'il résulte de l'instruction et des dé-bats , que le maréchal Ney, prince de la Moskowa, est convaincu d'avoir, dans la nuit du 14 mars 1815, reçu plusieurs émissaires de l'usurpateur ; d'avoir ledit jour 14 mars 1815, lu sur la place publique à Lons-le-Saulnier, département du Jura, à la tête de son armée, une proclamation tendante à la porter à la révolte et à la défection ; d'avoir immédiatement donné l'ordre de se réu-nir à l'ennemi, et d'avoir lui-même, à la tête de ses troupes, effectué cette réunion ;

« Qu'en conséquence , il est convaincu du crime de haute trahison et d'attentat à la sûreté de l'Etat, attentat dont le but était de changer la forme du gouvernement, et l'ordre de succession au trône ;

« Le déclare coupable des crimes prévus par les articles 77, 87, 88, 102 du Code pénal, 1 et 5 du titre Ier de la loi du 21 brumaire an 5, et de l'article 1er du titre III de la loi du 12 mai 1793 ; (Il en fait lecture).

---

(1) Il fut rendu à la majorité de 119 voix sur 162, douze voix ayant proposé la déportation.

« En conséquence, en application desdits articles, condamne Michel Ney, maréchal de France, duc d'Elchingen, prince de la Moskowa, ex-pair de France, à la peine de mort et aux frais du procès;

« Ordonne que l'arrêt sera exécuté conformément aux dispositions de la loi du 12 mai 1793, à la diligence du procureur général, commissaire du Roi;

« Et conformément à la faculté accordée par l'ordonnance royale du 11 novembre, ordonne que le présent arrêt sera prononcé publiquement, hors de la présence de l'accusé, et en présence de ses conseils, ou eux dûment appelés, et qu'il sera lu et notifié au condamné par le secrétaire - archiviste, faisant les fonctions de greffier, à la diligence des commissaires du Roi.

« M. Bellart dit : Les commissaires du Roi, chargés de la poursuite de l'accusation de haute trahison intentée contre le maréchal Ney, attendu la condamnation à mort rendue par la chambre des pairs, contre ledit maréchal, requièrent, vu l'article 5 de la loi du 24 ventose an 12, qu'il plaise à la chambre de prononcer que ledit maréchal Ney ayant manqué à l'honneur, a cessé d'être membre de la Légion d'honneur.

« Le chancelier ajoute : Au nom de la chambre, je déclare que le maréchal Ney, membre de la Légion – d'honneur, ayant manqué à l'honneur, a cessé de faire partie de la Légion.

« Le présent arrêt sera imprimé, affiché et exécuté à la diligence des commissaires du Roi.»

Pendant la délibération, le maréchal dîna avec assez d'appétit. Remarquant que ses gardes paraissaient craindre qu'il n'abusât contre lui-même d'un petit couteau de table à pointe arrondie, il le jeta loin de lui en disant : *Croyez-vous que je ne sache point mourir ?*

Il s'était jeté sur son lit et dormait ou le feignait, depuis deux heures, quand M. Cauchy, secrétaire-général, vint pour lui faire lecture de l'arrêt. M. Cauchy lui exprimant tout ce que cette mission avait de pénible pour lui : Faites votre devoir, Monsieur ; chacun doit faire le sien, reprit le maréchal. Il interrompit la lecture en disant : *Je sais ce que c'est* ; et quand il entendit le passage qui le déclarait coupable d'avoir voulu intervertir l'ordre de successibilité au trône, il dit : Cette disposition est relative à la famille de Buonaparte. M. Cauchy le prévint qu'il pouvait recevoir les consolations de la religion, soit du curé de Saint-Sulpice, qui s'était offert, soit de tout autre ecclésiastique ; il répondit : « *Cela suffit*, je n'ai pas besoin de prêtre pour apprendre à mourir. » Il se jeta de nouveau sur son lit.

A quatre heures du matin, son épouse, sa belle-sœur et ses quatre enfans, dont l'aîné a onze ans, vinrent recevoir ses adieux. Madame Ney tomba évanouie sur le plancher, en entrant dans la chambre, et sa belle-sœur sur les genoux du maréchal : les enfans gardaient un morne silence. Après que madame fut revenue à elle, le maréchal, pour mettre fin à cette scène déchirante, les invita à se retirer.

L'un des gardes royaux de service lui dit : « Monsieur le maréchal, au moment où vous en « êtes, ne pensez-vous pas à Dieu ? — Vous « avez raison, répondit le maréchal, vous êtes « un brave homme ; faites venir le curé de Saint- « Sulpice, on le dit bon consolateur. » On fit aussitôt avertir ce digne écclésiastique, qui passa trois quarts d'heure avec le maréchal. Lorsqu'il se retirait, le méréchal le pria de revenir à son dernier moment : il s'y trouva en effet. A neuf heures du matin, le 7 décembre, un carosse de place était près de la terrasse donnant sur le jardin. On y conduisit le maréchal, accompagné du curé de Saint-Sulpice. Il l'invita à entrer le premier, lui donna la main, et dit : montez monsieur le curé, je serai la haut plutôt que vous. La voiture suivit la grande allée sur l'ancien terrain des chartreux, escortée de deux cents hommes vétérans et autres : chemin faisant il remit au curé de Saint-Sulpice sa tabatière pour

la donner à sa femme, une lettre qu'il avait ou-
bliée et qu'il envoya chercher, pour M. Gamon,
son beau-frère, et ce qu'il avait d'argent sur lui,
pour les pauvres de la paroisse.

La voiture s'arrêtant au bout de l'allée à gauche près du boulevard, du côté de l'Observa-
toire, les portes du jardin étant ouvertes au public, le maréchal parut surpris, parce qu'il s'attendait à être fusillé à la plaine de Grenelle. Il
descendit de voiture, embrassa le curé de Saint-
Sulpice.; on voulait lui bander les yeux : « Depuis vingt-cinq ans, dit-il, j'ai toujours vu la
mort en face » , et se présenta au peloton de
vétérans qui l'attendait : « Soldats, droit au cœur, »
dit-il d'un ton ferme , et il tomba percé de douze
balles, trois à la tête, neuf à la poitrine. Le
corps fut laissé , pendant un quart d'heure, sur
le terrain , suivant le mode usité pour les exécutions militaires, et ensuite porté à l'hospice voi-
sin, où il fut déposé dans un cercueil de plomb,
et transporté le lendemain à six heures du matin
au cimetière du père Lachaise.

Ainsi finit une carrière dans laquelle il semblait que le maréchal Ney n'eût plus qu'à jouir
paisiblement de ses titres et de ses honneurs.
Mais la crainte de les perdre , ou le désir de les
augmenter , peut-être cette versalité de caractère dont les grandes fortunes mettent rarement

à l'abri, contribuèrent à la funeste détermination qui l'a perdu (1).

Il y a, dans ce grand procès, quelques circonstances analogues à celles du maréchal duc de Montmorency, si fameux par ses propres exploits, et les grandes qualités qu'il avait hérité de son illustre maison.

Le grand cardinal de Richelieu, ministre principal sous Louis XIII, fut le moteur de toute cette affaire.

M. le duc de Richelieu, s'il n'a pas été le moteur de celle du maréchal Ney, a été, en sa qualité de président du conseil des ministres, l'organe de ce conseil, qui vint communiquer à la chambre des pairs l'ordonnance du Roi du 11 novembre, par laquelle le Monarque saisissait la chambre de la connaissance de ce procès, en exécution de la Charte constitutionnelle.

Louis XIII, au contraire, par lettres patentes du 31 août 1632, avait attribué au parlement de Toulouse la connaissance du procès du duc de Montmorency, dérogeant à sa qualité de pair de France, suivant laquelle il devait être jugé par le parlement de Paris, où siégeait la chambre des pairs.

Les lettres patentes de Louis XIII avaient nommé six commissaires pour opérer dans ce

______

(1)..... *Quid non mortalia pectora cogis*
Auri sacra fames!...

procès concurremment avec le parlement de Toulouse.

L'ordonnance de Louis XVIII nommait aussi les ministres pour poursuivre l'accusé devant la chambre des pairs.

Au lieu d'être exécuté dans la place publique des Salins à Toulouse , l'arrêt du duc de Montmorency l'a été dans la cour de l'hôtel-de-ville de Toulouse.

Celui du maréchal Ney, sans doute pour lui épargner la peine d'être conduit à la plaine de Grenelle , l'a été dans le jardin du palais du Luxembourg , mais les portes ouvertes (1).

Les opinions ayant été fort partagées sur le système de défense à suivre dans cette affaire , nous usons du droit d'émettre la nôtre; non que nous la prétendions préférable à celle qui a été adoptée par les conseils du maréchal Ney : nous apprécions plus que personne et leurs lumières et le zèle noble et persévérant avec lequel ils ont rempli leur importante mission; mais par cela même qu'elle a été publique, on en peut examiner les avantages et les inconvéniens.

Y avait-il avantage pour le prévenu de décliner la compétence du conseil de guerre devant lequel il était primitivement traduit ? Nous ne l'avons jamais cru.

----

(1) *Sic transit gloria mundi !*.....

D'un côté, s'il gagnait devant la chambre des pairs, à raison du nombre des juges et de la plus grande solemnité de leurs séances, il perdait bien plus sous un autre rapport.

La chambre des pairs devant suivre le mode de la procédure criminelle des cours d'assises spéciales, ne pouvait, après avoir statué comme elle l'a fait, sur les moyens *préjudiciels* et de nullité, que prononcer sur la question de culpabilité, et faire littéralement l'application de la peine, suivant le Code pénal, civil et militaire.

Tandis que, d'après la loi du 21 brumaire an 5, le conseil de guerre permanent avait une bien plus grande latitude, dans le cas où la majorité de cinq voix ne se serait pas réunie pour l'application de la peine.

Telle est, en effet, la disposition textuelle de l'article 33 de cette loi. Elle dit formellement : « Dans le cas où la majorité de cinq voix ne se « réunirait pas pour l'application de la peine, « *l'avis le plus favorable à l'accusé sera adopté.* »

Il est donc évident, qu'après avoir unanimement et affirmativement prononcé sur la question de criminalité, il pouvait y avoir dans le conseil de guerre partage sur l'application de la peine ; et qu'à moins que la majorité de *cinq voix* se fût réunie pour la peine la plus grave, en cas du partage prévu par la loi, il pouvait y avoir lieu à une peine moins grave.

Une longue expérience de la jurisprudence militaire nous a convaincu que, malgré tout ce qu'a d'inquiétant, en apparence, et la célérité de sa marche et le vice même de la loi du 21 brumaire, instiution provisoire jusqu'à la paix générale que nous a enfin procuré la sagesse de notre auguste Monarque ; cette loi porte son correctif en elle-même, et que l'innocence ou même le coupable auraient encore plus de moyens d'y faire valoir quelque circonstance atténuante, que devant toute autre juridiction ordinaire.

Une lettre du ministre de la guerre du 9 floréal an 9, tendait bien à contester aux conseils de guerre la faculté légale dont il s'agit ; mais le ministre de la guerre avait-il le droit d'interpréter la loi, lui qu'elle chargeait de son exécution ?

Agent du pouvoir exécutif, il pouvait seulement, il devait même, s'il y avait lieu, provoquer une interprétation qui excédait ses pouvoirs. Qui ne sait que, dans un gouvernement représentatif, la loi est un acte collectif, et qu'il doit simultanément émaner de tous les pouvoirs appelés à y concourir ?

FIN.

www.ingramcontent.com/pod-product-compliance
Lightning Source LLC
Chambersburg PA
CBHW061409060726
47597CB00003B/1007